PREMIER ETABLISSEMENT DE LA FOY DANS LA NOUVELLE FRANCE,

CONTENANT LA PUBLICATION de l'Evangile, l'Histoire des Colonies Françoises, & les fameuses découvertes depuis le Fleuve de Saint Laurent, la Loüisiane & le Fleuve Colbert jusqu'au Golphe Mexique, achevées sous la conduite de feu Monsieur de la Salle.

PAR ORDRE DU ROY.

AVEC LES VICTOIRES remportées en Canada par les armes de SA MAJESTÉ sur les Anglois & les Iroquois en 1690.

Dedié à Monsieur le Comte DE FRONTENAC, *Gouverneur & Lieutenant General de la Nouvelle France.*

Par le Pere CHRESTIEN LE CLERCQ, *Missionnaire Recollet de la Province de Saint Antoine de Pade en Arthois, Gardien des Recollets de Lens.*

TOME I.

A PARIS,
Chez AMABLE AUROY, ruë Saint Jacques, attenant la Fontaine S. Severin à l'Image Saint Jerôme.

M. DC. XCI.

Avec Privilege du Roy.

A TRES-HAUT
ET PUISSANT SEIGNEUR
MESSIRE
LOUIS DE BUADE,

Comte de Frontenac, Gouverneur & Lieutenant General pour le Roy dans la Nouvelle France, Acadie, Isle de Terre neuve, & autres Païs de l'Amerique Septentrionale.

ONSEIGNEUR,

Quand je ne me sentirois pas obligé de vous presenter ce petit

essai d'une Histoire sainte pour donner des marques publiques de la veneration & du respect que j'ay pour vostre personne ; je ne pourrois sans injustice mettre au jour sous un autre nom le tableau historique d'une Eglise qui doit son principal & plus solide établissement à la protection & aux effets de vostre zele ; laquelle s'est accruë plus de la moitié en nombre de sujets, de nations, & en étenduë de pays sous vostre gouvernement : dont vous avés depuis prés de vingt années puissamment soûtenu les interests, & favorisé en tout les Ministres Evangeliques : que vous venés tout recemment de conserver à Dieu & au Roy en la sauvant des incursions d'une armée formidable de Barbares & d'Infideles, & peu de jours aprés, dés attaques & de la descente d'une flotte nombreuse de rebelles à la Religion, & à l'état qui la menaçoient de sa ruine entiere.

Je n'entreprens pas icy, MONSEIGNEUR, *de renfermer dans les bornes étroites d'une Epître, les avantages de vostre Maison; toute la France en connoît le merite, la Noblesse, & l'antiquité illustrée du costé paternel, & maternel d'une longue suite d'Ancestres qui ont honoré les premieres Charges de la Robe, & de l'Epée qui se sont distinguez par leurs grandes actions, & par une attachement inviolable aux interests du Prince, dans les temps même les plus dangereux.*

L'on sçait que parmy un grand nombre de Chevaliers des Ordres du Roy que l'on conte dans vostre Famille, vous estes issu d'un Pere & d'un Ayeul, qui ont esté revêtus de ce caractere d'honneur: l'on y trouve des Ministres, des Secretaires, & des Conseillers d'Etat, des Mareschaux de France, des Gouverneurs de Province, des Presidents à Mortier, des Officiers de l'Etat & de la Maison du Roy, qui font encore aujourd'huy une partie de l'ornement & du soûtien de la Couronne.

Il semble, MONSEIGNEUR, *que la nature & la grace ayent heureusement concouru pour réünir dans vostre personne l'idée des vertus Chrestiennes, politiques & militaires de vos Ancestres: cette élevation, & cette étenduë de genie universel, qui ne fait rien paroistre que de noble; ce cœur magnifique, & liberal si digne de vostre naissance : cette humeur toûjours bienfaisante même à vos propres ennemis, cet abord facile & aisé, cette grandeur d'ame dans tous les changemens de la fortune, où vous n'avés esté soûtenu que par vostre courage ; vaillant, juste, équitable, droit, ennemi du déguisement, toûjours égal à vous-même dans la prosperité, & dans l'aversité ; un cœur selon le cœur de Dieu plein de Foi, de Religion & de pieté. Qualitez dominantes qui ont fait l'ame de vostre conduite dans les emplois qui vous ont esté confiez pour le service du Roy & de l'Etat depuis l'âge de dix-sept ans que vous fites vos premiers coups d'essais dans les armées : Mestre de Camp du Regiment de Normandie l'espace d'onze années ; Mareschal de Camp des armées du Roy, Commandans des corps separez, servant en Italie, en Flandre, & en Allemagne où vous avez donné par tout des marques de vostre valeur, & de vostre experience.*

Le Roy ayant donné la paix à l'Europe par le Traité des Pirenées, vostre courage MONSEIGNEUR *se fit un point de Religion, de passer au Levant, pour y combatre l'infidelité. Digne du choix de* LOUIS LE GRAND, *& du discernement du plus habile Capitaine de nostre Siecle, nommé Lieutenant General en Candie a; vous y fûtes la terreur des Infideles, l'honneur de la nation, la jalousie des Italiens, Superieur en courage & en resolution; la place auroit encore soutenu long-temps, si l'on avoit suivi vos sentimens,*

a M. De Turenne.

vous eutes du moins la gloire d'arrester le progrés des Infideles, de sortir le dernier de la Place, & d'y tenir seul avec vos troupes durant quinze jours.

Dieu preparoit ainsi MONSEIGNEUR, *vostre Religion & vostre zele à combattre une autre Barbarie, & une infidelité bien differente dans le nouveau monde où sa Providence vous destinoit; ce fut aussi peu d'années aprés que le Roy voulant signaler son affection pour la Nouvelle France, vous y nomma Gouverneur, & son Lieutenant General; employ dont vostre pieté se fit moins une fortune pour le temps, qu'un établissement pour l'éternité. Le preferant à d'autres plus apparens, que la faveur le merite, & les services vous auroient promis.*

Ce seroit trop peu, MON-

SEIGNEUR de dire que vous avez parfaitement honoré cet employ qui n'estoit digne de vous, que par le choix & la confiance du Prince, par l'honneur d'y representer sa personne, & par la gloire d'y servir la Religion & l'état ; l'on sçait que dans les deux premieres années vostre sagesse rasseura la Colonie, affermit la paix avec toutes les nations barbares, construisit un Fort à l'entrée du pays des Iroquois pour les tenir en regle, détruisit entierement les coureurs de bois, établit la seureté, non-seulement pour le commerce, mais encore pour la Religion, par la liberté pleine & entiere de l'exercice des Missions.

Jamais personne n'a mieux sçû que vous, MONSEIGNEUR, dompter & adoucir l'humeur farouche de tant de nations dif-

ferentes, ménager leurs interests, & ceux de la Colonie, éclairer leurs desseins, dissiper leurs factions, fixer l'instabilité de leur esprit, & les faire venir à vos fins pour le service du Roy, leur imprimer tout ensemble l'amour, la crainte, l'obeïssance, & le respect, en sorte qu'ils n'ont ozé durant les dix années que vous avez esté dans le pays, faire de rupture avec les François ny avec nos alliez, quelque sollicitation que leur en ayent fait les Europeans de la Nouvelle Angleterre, & de la Nouvelle Hollande.

Tous ces avantages sont arrivez, MONSEIGNEUR, *sans qu'il en ait couté ny argent, ny troupes; mais par vostre seule adresse, vostre vigilance & vos soins, par les grandes benedictions que Dieu a données à la droiture de vos intentions ; sa seule gloire ayant esté le mobile dominant de vostre conduite, & l'ame de vos actions dans un desinteressement parfait de vous-mêmes. Dieu n'a permis,* MONSEIGNEUR, *qu'une conduite si juste & si reguliere fut obscurcie de certains nüages par les mauvais offices des personnes mal-intentionnées, que pour établir plus solidement le merite de vos services, pour relever vostre gloire d'un nouveau lustre, & faire éclater les témoignages publics d'approbation que le Roy a rendu à vostre sagesse, enfin pour reserver à vous seul la gloire de sauver le Canada de sa ruine dans les guerres presentes, aprés avoir autrefois si heureusement contribué à son établissement.*

Nous avons vû la campagne

derniere que Dieu continuant de répandre ses benedictions sur les entreprises de LOUIS LE GRAND*; la France quoique assiegée de tous cotez par ses ennemis, n'a pas laissé de faire de puissantes excursions dans l'Allemagne, dans la Flandre, & dans l'Italie : que* MONSEIGNEUR LE DAUPHIN *a dissipé sur le Rhin, l'armée formidable de l'Empire por sa seule presence, par la reputation & par la terreur de ses armes : les victoires completes que le Roy a remporté en Flandre, en Piedmont, & sur l'Ocean par la defaite de l'armée des confederez, de celle du Duc de Savoye, & des flottes réunies d'Angleterre, & d'Hollande.*

Nous venons d'apprendre ; MONSEIGNEUR, *que la Nouvelle France sous vostre gouvernement nous presentoit la même campagne d'aussi heureux succez par Mer & par terre, que nous en avons vû dans l'ancienne France, par les puissantes irruptions que vous aviez fait durant l'hyver plus de cent lieuës au delà des habitations françoises; enlevant les Forts & les Bourgs retranchez, & jettant la terreur dans les pays ennemis de la nouvelle Angleterre, de la nouvelle Hollande, & des Iroquois, qu'à vos seules approches, à la teste des troupes peu nombreuses, vous avez dissipé une armée formidable de François, & d'Anglois rebelles, d'Iroquois & d'autres nations Sauvages; qu'enfin vous aves terminé la campagne par la defaite d'une flotte de 35. voiles fait lever le siege devant la Ville de Quebec qui estoit attaquée par Mer & par terre, repoussé & dissipé une armée de re-*

voltez contre la Religion & contre l'Etat.

Tant de faveurs dont vostre valeur & vostre zele ont comblez cette Eglise naissante, jointes à l'amour de la verité qui vous est si naturel, me font esperer MONSEIGNEUR, *que vous n'aurez pas desagreable la confiance que je prens, de faire paroistre ce petit Ouvrage sous de si favorables auspices, & de vous donner cette marque publique du profond respect avec lequel je suis,*

MONSEIGNEUR,

Vostre tres-humble & tres-obeïssant Serviteur, Frere CHRESTIEN LE CLERCQ.

PREFACE.

IL seroit inutile de vouloir engager le Lecteur par une Preface étudiée en faveur du petit ouvrage que l'on donne icy au Public : comme la verité est l'ame & la propre essence de l'Histoire, celle-cy n'a pas besoin d'estre soûtenuë & authorisée par un autre endroit : la nouveauté & la diversité ont leur attrait, quoyque dans une Barbarie qui n'est pas encore policée : le Plan de prés de deux cens nations differentes dont on parle icy, que l'on a découvert & parcouru de nostre siecle, presentera aux curieux quelque sorte d'agréement.

Depuis que le Fils de Dieu a predit que son Evangile seroit preschée dans tout l'Univers, la pieté des Fideles s'est toûjours interessée dans l'accomplissement de cette Prophetie, à l'égard des peuples & des nations barbares où le nom du vray

Dieu

Dieu estoit auparavant inconnu, & tous les bons François qui prennent également part à la gloire du Roy ; & aux avantages de la nation, apprendront avec plaisir que LOUIS LE GRAND encore plus zelé pour l'établissement de la Religion, que pour l'agrandissement de ses Etats, a fait porter les lumieres de la Foi, & arborer l'étendart de la Croix depuis le commencement de son regne dans toutes ces vastes contrées du nouveau monde, qui son soûmises à sa puissance.

Les personnes peu entenduës dans la connoissance des païs éloignez, s'imaginent que la Nouvelle France est renfermée dans les bornes étroites de la moindre partie de l'Amerique : l'on connoistra qu'elle comprend aujourd'huy prés de huit cent lieuës de païs connus depuis la grande Baye en remontant le Fleuve de Saint Laurent & presque autant d'étenduë sur le Fleuve Colbert ou Missisipi, depuis le Golphe Mexique ; & que la profondeur de l'une, & l'autre bord des deux Fleuves, contient des vastes Provinces où l'on trouve des Peuples infinis ; en sorte que sans parle des Isles Antisles qui sont de la domination du Roy, Sa Majesté possede dans la terre ferme beaucoup plus de païs que l'Europe n'est grande, & une étenduë capable de former le plus grand Empire du monde, où l'on entreprent icy de décrire la premiere publication de la Foi.

Il paroît assez par ce titre que pour ne pas sortir de mon sujet, je ne dois que toucher la situation, le sol, le commerce, les mœurs, les loix, & les coûtumes de tous ces païs, autant qu'il est necessaire pour donner l'intelligence principale de la matiere que je traite ; & dont je ne donne même qu'un essai abbregé qui suffira neanmoins pour instruire le Lecteur des progrez tres-mediocres que l'Eglise y a faits jusqu'à present. Le premier Chapitre servira de Prelude & d'introduction au reste de l'Ouvrage que l'on divise en trois Epoques.

La premiere depuis 1615. en laquelle a commencé le premier établissement de la Foi, jusques en 1629. que les Anglois s'emparerent du païs.

La seconde depuis 1632, que le Roy rentra en possession de la Nouvelle

France jusques en 1663.

La troisieme depuis la susdite année que le Roy retira le païs des mains de Messieurs les Engagistes jusques à la presente année 1691.

Si l'on n'y remarque pas des conversions nombreuses, n'y une Eglise formée dont les progrez répondent aux applications infatigables de tant de Missionnaires zelez, sçavants, & desintereſſez, qui travaillent depuis prês d'un siecle à défricher cette vigne du Seigneur ; la pieté du Lecteur aura sujet d'adorer en esprit de Foi, les desseins de Dieu sur ses peuples, de conjurer le Ciel d'avancer les temps & les moments heureux de la grace, sans laquelle les hommes Apostoliques ne peuvent rien avancer, de reconnoistre les faveurs singulieres dont le Seigneur a usé en nostre endroit, à l'exclusion de cette multitude de nations qui vivent sans Foi, sans loy, & sans Dieu en ce monde, & qui ont les yeux fermez à la connoissance de la verité.

Extrait du Privilege du Roy.

PAR Grace & Privilege du Roy donné à Paris le 30. de Decembre 1690. signé par le Roy en son Conseil MENESTREL. Il est permis au Reverend Pere CHRESTIEN LE CLERCQ. Missionnaire Recollet de la Province d'Arthois Gardien du Convent de Lens, de faire imprimer un Livre qu'il a composé, intitulé *Premier établissement de la Foi dans la Nouvelle France*, durant le temps & espace de huit années consecutives, à compter du jour que ledit Livre sera achevé d'imprimer pour la premiere fois ; & deffenses à tous Imprimeurs Libraires & autres, de l'imprimer vendre & debiter sans le consentement dudit Exposant ou de ces ayans cause, à peine de quinze cens livres d'amande payibles sans depost par chacun des contrevenants, confiscation des exemplaires contrefaits, & de tous dommages & interests, comme il est porté plus amplement par ledit Privilege.

Registré sur le Livre de la Communauté des Libraires & Imprimeurs de la Ville de Paris le 5. Ianvier 1691. suivant l'Arrest du Parlement le 8. Avril 1653. & celuy du Conseil du Roy le 27 Fevrier 1665. Signé AUBOÜIN Syndic.

Achevé d'imprimer pour la premiere le 20. Avril 1691.

Ledit Reverend Pere a cedé son Privilege à AMABLE AUROY.

PREMIER

TABLE DES CHAPITRES.

NOTA

Le Chapitre treize n'est pas marqué par erreur du Chapitre neuf qui est mis deux fois.

TABLE

TOME SECOND.

PREMIER

PREMIER ETABLISSEMENT DE LA FOY DANS LA NOUVELLE FRANCE.

CHAPITRE I.

Des premieres découvertes de la Nouvelle France.

E ne parle icy du premier établissement de la Foi dans la nouvelle France, que par rapport à l'ordre de Dieu, qui dans le cours ordinaire de sa

A

Providence, connoît les temps & les momens qu'il a marqué pour la conversion des hommes, & veut que son Eglise s'établisse par des progrés successifs, & que ses veritez les plus saintes se découvrent peu à peu, & soient annoncées à toutes les Nations de la terre, afin de faire paroître avec plus d'évidence les effets de sa justice & de sa misericorde.

Si la lumiere de la Foi avoit esté aussi commune que celle du Soleil, il est constant qu'elle auroit beaucoup diminuée de son prix & de son merite, pour n'avoir plus cette sainte obscurité, qui captive nos entendemens, & les conversions miraculeuses qui se sont faites par tout le monde, ayant perdu de leurs difficultez, perdroient aussi ne même temps beaucoup de leur éclat.

C'eſt donc ſelon l'ordre de cette conduite toûjours infiniment adorable, que les Nations nombreuſes des Sauvages de la nouvelle France aprés avoir eſté long-temps par un ſecret jugement de Dieu, enſevelies dans un profond aveuglement, furent enfin découvertes ſous le regne de François I. & reçûrent les plus vives lumieres de l'Evangile, ſous celuy de Louis le Juſte. Ce ne fut ny l'art, ny l'induſtrie, ou l'heureuſe temerité de Jean Verrazano, & de Jacques Cartier, qui oſerent aborder ſucceſſivement ces rivages inconnus parmy les écueils, les orages, & les tempêtes de l'Ocean: Mais ce fût Dieu ſeul, qui ſe ſervant de la curioſité de ces fameux Pilotes, & de l'inclination genereuſe d'un grand Prince, qui vouloit étendre les limites de son empire, la gloire & la majesté de son nom dans ces vastes provinces, voulut ouvrir aux Ministres Evangeliques le chemin de la Nouvelle France. Ce fut luy, dis-je, qui tira de ses thresors, ces vents qui pousserent leurs Navires ; & qui découvrant à des hommes interessez les richesses temporelles de ces grands païs, communiqua à ces peuples, les richesses immortelles de la grace de la Religion, par la predication de son Evangile.

Le Fils de Dieu, qui connoît ses élûs : & le temps, & le moment estant arrivez en l'année 1615. jetta les yeux sur les Recollets de la Province de saint Denis en France, & les honora de la qualité glorieuse de ses Ministres, les choisissant comme les vases d'élection, & les premiers Apôtres du Canada, pour y porter les lumieres de la foi, & la connoissance de son nom. Il voulut que son heritage fut premierement cultivé par les mains de ces hommes apostoliques; & c'est ainsi qu'il se forma une Eglise, & que le Christianisme, comme nous le verrons dans la suite, s'établit au milieu des Indes Occidentales, comme il s'estoit établi bien-long-temps auparavant dans les Indes Orientales, par le ministere & le zele des Religieux de S. François.

Il est constant que les commencemens des grandes entreprises, sont pour l'ordinaire tres-difficiles. Jean Verrazano, Florentin de Nation, aprés avoir heureusemẽt découvert en 1524. toutes les côtes de la mer, & tout ce qu'il y a de païs depuis la Floride jusqu'à l'embouchure du Fleuve de S. Laurent, dont il prit possession au nom de François I. ne retira cependant de cette penible & glorieuse découverte, que l'honneur de l'avoir fait. Il eût à peu prés le même sort que Moyse : il vit seulement cette vaste étenduë de païs qui luy promettoit des richesses immenses ; il se proposa d'y entrer, d'y faire un second voyage, & des établissemens considerables ; mais la mort qui le surprit en chemin, ne luy donna pas le temps d'executer ses desseins.

Jacques Cartier fut beaucoup plus heureux que Verrazano : Cet excelent Pilote, l'un des plus habile de son temps, voulant signaler la generosité de son courage par la découverte de quelque nouvelle Terre, partit de

S. Malo, le 20. Avril 1534. où il retourna la même année, aprês avoir visité & reconnu les côtes & les terres, qui sont au Nord & au Sud de l'embouchеure du grand fleuve de S. Laurent. Son retour, & le recit avantageux qu'il fit de tout ce qu'il avoit remarqué de plus considerable, joint aux empressemens qu'il témoigna d'y faire un second voyage, & de penetrer le plus avant qu'il pourroit dans ce païs inconnu, plurent extrêmement à la Cour: Le Roy François I. luy donna ses commissions; Monsieur Philippe Chabot, alors grand Admiral de France, contribua de tout son pouvoir, à l'execution de cette glorieuse entreprise, & le 16. May de l'année 1535. Jacques Cartier mit la seconde fois à la voile, pour la découverte du Canada;

avec trois navires, l'un de six-vingt tonneaux, l'autre de 60. & le troisiéme de 30. Sa navigation fut heureuse, & il eut l'honneur d'entrer le premier dans le fleuve de saint Laurent, donnant des noms qui subsistent encore aujourd'huy, aux îles, aux caps, aux mouillages, & aux terres les plus considerables; il penetra même avec quelques barques, jusqu'à l'Isle que nous appellons Mont-Royal, ou ville Marie, & il hyverna dans une riviere qui porte encore à present son nom, proche le petit Richelieu; mais l'hyver luy parut si rude & si difficile, qu'ayant perdu la plus grande partie de ses gens, qui moururent du mal de terre ou du scorbut, il se vit contraint de repasser en France, & d'abandonner dans le Fleuve l'un de ses trois navires; ayant assez de peine à trouver du monde ce qui luy en falloit, pour faire les manœuvres dans les deux autres. Il leva l'ancre le 6. May 1536. & arriva à saint Malo le 16. Juillet de la même année ; n'ayant plus dessein de retourner davantage dans le Canada, qu'il crût pour lors ne pouvoir jamais estre habité, tant à cause du froid excessif & de la saison de l'hyver extraordinairement rigoureux, qu'à cause des maladies qui l'avoient entierement desolé, & rompu toutes les mesures qu'il avoit prises pour jetter les premiers fondemens d'une Colonie dans la Nouvelle France ; ce qui fut cause que la Cour negligea pendant quelques années, ce glorieux dessein.

Les entreprises des sieurs de Roberval, du Marquis de la Roche,

& de Chauvin, qui dans des temps differens, sous les regnes de François I. d'Henry IV. & de Louis XIII. firent plusieurs voyages dans le fleuve de saint Laurent, ne furent pas plus heureuses.

Le premier estoit Gentilhomme du païs de Vimeux en Picardie, qui pour témoigner à son Roy le zele qu'il avoit de luy plaire, & de seconder l'inclination que ce grand Prince faisoit paroître, de vouloir reprendre tout de bon cette nouvelle découverte, luy offrit ses services, & obtint de François I. en 1541. avec les titres de Lieutenant General de Sa Majesté, les pouvoirs & les commissions necessaires pour cette genereuse entreprise: mais afin d'y réussir, il tâcha par toutes les voyes possibles, d'y engager Jacques

Cartier. Ce fameux Pilote s'y rendit, & effaçant le souvenir de tant de travaux & de perils essuyez autrefois inutilement dans ses deux premieres tentatives, esperant des succés plus heureux, entreprit un troisiéme voyage dans la nouvelle France, le sieur de Roberval luy donna cinq navires, avec lesquels il arriva heureusement au fleuve de S. Laurent, où il hyverna, il y bâtit même quelque fort de pieux, pour se mettre à couvert des insultes des Sauvages, ausquelles il se voyoit souvent exposé. Mais le peu de monde qu'il avoit à opposer au grand nombre de ces barbares, luy fit prendre le parti de retourner en France, pour ne pas s'engager dans une guerre qui ne luy pouvoit estre que tres-funeste. Il n'eût pas plûtôt fait l'ouverture de son dessein aux Officiers de son équipage, qu'il fut incontinent executé. Ils leverent les ancres avec assez de precipitation; & ils estoient déja aux environs de la grande Isle de Terre-Neuve, lors qu'ils rencontrerent le sieur de Roberval, qui leur amenoit du secours; il les persuada efficacement de retourner sur leur route : ils firent voile de compagnie, & arriverent heureusement en Canada, où cette petite Colonie hyverna, & y passa même quelques années, pendant lesquelles le sieur de Roberval entreprit quelques voyages considerables dans le Sagrenaï, & plusieurs autres rivieres. Ce fut luy qui envoya Alphonse, Pilote tres-expert, Xaintongeois de Nation, vers Labrador, afin de trouver un passage aux Indes

Orientales, comme il l'esperoit; mais Alphonse n'ayant pû réussir dans son dessein, à cause des montagnes de glace qui l'empêcherent de passer plus outre, fut obligé de retourner à Monsieur de Roberval, avec ce seul avantage, d'avoir découvert le passage qui est entre l'Isle de Terre Neuve, & la grande terre du Nord par les 52. degrez. Les Anglois y ont fait plusieurs voyages sans aucun succês. Jean Davis penetra jusqu'au 72. degrez, & passa par le détroit, appellé encore aujourd'huy de son nom Davis. Hudson Capitaine Anglois, en 1612. trouva le passage par les 63. degrez, pour entrer dans la baye appellée de son nom d'Hudson. Les Espagnols & les Portugais n'ont pas moins tentez ce passage de l'Oüest, mais ils n'en ont pû avoir plus de connoissance que les Holandois qui l'ont cherché par la nouvele Zemble. Nous avions tout sujet de croire que cette entreprise estoit reservée pour Monsieur de la Salle ; si des scelerats qui meritoient les derniers supplices, n'eussent arrestez le cours de ses glorieux projets, & de ses belles découvertes en mettant à mort cet homme incomparable comme vous le verez par la relation que j'en feray sur la fin de cette histoire.

Monsieur de Roberval repassa en France, d'où estant parti pour la seconde fois avec des navires qu'il avoit équippez, à dessein de continuer son entreprise, & l'établissement de la Colonie de la Nouvelle France: il se perdit malheureusement avec son frere, sans qu'on ait jamais pû sçavoir aucune circonstance de leur naufrage. Les esperances avantageuses qu'on avoit conçûes pour le Canada, s'estant dissipées par la perte d'un homme si zelé, il ne se fit plus rien de considerable sous le regne de François I. pour l'établissement de la Colonie.

Monsieur le Marquis de la Roche Gentilhomme Breton, en fit renaître le dessein en 1598. il offrit pour ce sujet ses biens, ses services, & sa personne à Henry IV. qui par une bonté toute royalle, l'encouragea puissamment à poursuivre ses glorieux desseins, en luy donnant des navires bien équippez & tout ce qui estoit necessaire pour faciliter l'execution de son entreprise. Mais l'idée qu'on avoit conçûe du Canada, par le peu de progrés qu'on y avoit fait jusqu'à present, estoit si desavantageuse par toute la France, que Monsieur le Marquis de la Roche ne trouvant presque personne qui voulut s'embarquer avec luy, il se vit obligé de prendre dans les prisons du Roy ceux qui pour leurs crimes estoient condamnez à la mort, ou aux galeres. Ces miserables au nombre de cinquante, sortirent avec plaisir de leurs cachots pour servir dans ces navires, & passer dans un nouveau monde, où l'on croyoit qu'ils profiteroient avantageusement de la grace du Roy, par une conduite toute opposée à celle qui les avoit engagez dans les derniers de tous les malheurs. Il semble cependant que la voix du ciel ne fut pas d'accord avec celle de la terre, en faveur de ces malheureux, & que le pardon que le

Roy leur donna, ne servit qu'à faire éclatter davantage la justice de Dieu contre ces coupables, qui périrent enfin d'une mort infiniment plus cruelle & plus terrible, que celle des plus grands scelerats.

Chidotel Normand de Nation, qui seul pour lors avoit le plus de connoissance des côtes de la nouvelle France, fut choisi pour estre le Pilote & le conducteur de ces navires. L'heureux succês de sa navigation répondit à l'estime qu'on avoit conçûe de sa grande experience, il moüilla l'anchre proche de l'île de Sable, où Monsieur de la Roche fit descendre les hommes qu'il avoit tiré des prisons par ordre du Roy; il les quitta dans cette Isle, leur laissant des vivres & des marchandises, dans le dessein de les rejoindre aussi-tost qu'il auroit trouvé aux côtes de l'Acadie, un lieu propre pour y établir une Colonie. Il le chercha inutilement, les vents contraires, les orages, & les tempêtes rompirent toutes ses mesures, & il se vit obligé malgré luy d'abandonner ses gens au hazard, & de repasser en France; où il ne fut pas plûtôt arrivé, que tout s'opposa à la resolution qu'il avoit prise de retourner à l'Isle de Sable; & comme si l'Arrest de mort eut esté irrevocablement prononcé contre les miserables qu'il y avoit laissez; il fut emprisonné luy-même par Monsieur le Duc de Mercœur. Quoy qu'après il eût esté mis en liberté, il trouva encore des obstacles si invincibles à son entreprise, qu'estant contraint de l'abandonner entierement, il en mourut de chagrin.

On laisse à juger du sort déplorable de ces pauvres infortunez, qui avoient esté débarquez à l'Isle de Sable; incertains de ce qu'estoient devenus leurs navires, quels soupçons & quels jugemens ne formerent-ils pas au desavantage de Monsieur de la Roche; comme s'il ne les eut degradez, que pour les abandonner au desespoir & à la rage. La misere extrême, la disette de toutes choses, sans aucune esperance de soulagement, les affligeoient sans retour; & parmy les images affreuses d'une mort horrible & cruelle qui leur paroissoit inévitable, ils traînerent l'espace de cinq ans une vie languissante, qu'ils finirent presque tous miserablement. Il est vray qu'ils trouverent dans cete Isle quelques vaches & pourceaux, que Monsieur de

Lery, & des Portugais y avoient laissé; lors qu'ils tenterent d'y faire un établissement; mais ayant consumez avec leurs victuailles, ce qu'ils en purent tuer, ils se virent réduits à ne vivre que de poisson, & à se vêtir de peaux de loups marins, dont ils mangeoient la viande, qui enfin leur manqua bien-tôt & les mit en une si grande extrémité, que de cinquante hommes, il n'en resta que dix, le Pilote Chidotel allant à la pêche de la moluë, les embarqua par ordre du Roy, & les presenta à Henry IV. qui les voulut voir à Roüen, & leur donna à chacun cinquante écus, afin de les encourager de retourner encore dans le Canada, ou de se consoler en France de leurs miseres & de leurs disgraces.

Les trois voyages consecutifs que le sieur Chauvin, Capitaine de navire de Roy, fit avec les Sieurs de Mons & Pontgravé dans le Fleuve de S. Laurent, aprés la mort de Monsieur de la Roche, en 1599. 1600. & 1601. ne furent pas plus heureux. Le sieur Chauvin Chef de l'entreprise y estant mort luy-même au troisiéme, & tous ses desseins estant entierement échouez. Aprés tant d'avantures & de malheureuses découvertes si souvent reprises sans succés; la Cour dégoûtée de ces nouveaux païs, auroit abandonné entierement le dessein d'y renvoyer, si elle n'avoit trouvé un homme intrepide, dans la personne de Monsieur de Champlain, à qui Dieu reservoit la gloire de jetter les premiers fondemens de la Colonie qu'on y voit aujourd'huy. Il parut donc en Canada pour la premiere fois en l'année 1603. où il arriva heureusement ; il reconnut le païs durant le sejour qu'il y fit ; en dressa le plan & les cartes, en qualité de Geographe du Roy, en observa les mœurs & les manieres; & comme il avoit autant d'étenduë d'esprit, que de zele pour le service de son Prince, il remarqua avec beaucoup de discernement les avantages qu'on en pouvoit retirer, & les moyens d'y avancer la gloire de Dieu, & l'honneur de son Roy.

M. de Champlain avoit fait ce premier embarquement à la persuasion & par le secours de Monsieur de la Chatte Gouverneur de Dieppe ; ce voyage ayant assez bien réüssi, pour faire une découverte du païs, il revint en France, en fit son rapport à la Cour, où il fut écouté favorablement; il fut même assez heureux pour trouver une personne qui voulut bien soûtenir la découverte, de son credit & de ses biens. Ce fut Monsieur de Monts, de la Province de Xaintonge, Gentilhomme Ordinaire de la Chambre du Roy. Ce Seigneur ayant obtenu les pouvoirs & les commissions de Sa Majesté en 1608. équippa deux vaisseaux, dont il donna le commandement à Monsieur de Champlain; lequel estant parti de Dieppe, arriva heureusement au Fleuve de Saint-Laurent, & poussa jusqu'à l'endroit qui devoit estre, comme il est aujourd'huy, la Capitalle de la Nouvelle France: il y fit bâtir une habitation qui luy servoit de magasin, & construire un fort pour se défendre contre les insultes des Sauvages; ce lieu est un promontoir en terre ferme, qui avance dans le Feuve de Saint Laurent, il fut appellé Quebec.

Le scorbut ou le mal de terre qui de vingt-huit hommes luy en enleva vingt des plus forts & des plus robustes, avec les autres difficultez qu'il eut à surmonter pendant son hyvernement, ne furent pas capables de rallentir son courage; au contraire tirant des forces de sa foiblesse, au de-là de ce qu'on peut s'imaginer; le sieur du Pontgravé lui amena du monde & des rafraîchissemens dês le Primtemps: animé du secours il laissa le sieur du Pontgravé dans le Fort de Quebec, & monta ta en guerre contre les Iroquois, avec des Hurons, Algomquins & Montagnais, dont il avoit gagné l'amitié. Ils furent dans le païs de ces ennemis par la riviere qui va à Chambly, & de-là dans le Lac par lequel on penetre aujourd'huy jusqu'à la Nouvelle Hollande, éloignée environ de 80. lieuës des premieres habitations de la Nouvelle France, & auquel le Sieur de Champlain donna son nom, qu'il a toûjours retenu depuis. Les Iroquois qu'ils trouverent sur le bord de ce Lac, décocherent contre eux une infinité de fleches, mais les armes à feu de Monsieur de Champlain firent tant de fracas, tant de blessez & de morts parmy ces barbares, que les Iroquois, qui n'avoient jamais sçeu, ce que c'estoit que de fusils, & de pistolets, crurent que quelque esprit de l'autre monde leur venoit déclarer la guerre. Ils se sauverent avec tant de precipitation, qu'ils laisserent aux victotieux douze de leurs prisonniers, que les Sauvages de Monsieur de Champlain conduisirent en triomphe jusques dans leurs villages, donnant mille loüanges au grand Capitaine des François, auquel ils attribuerent avec justice l'honneur de la victoire, qu'ils venoient de remporter sur les plus cruels de leurs ennemis.

Ce premier advantage, & l'heureux succés de cette premiere guerre, contribua beaucoup au dessein que Monsieur de Champlain avoit d'établir sa Colonie, puisque les Algomquins, Hurons, & Montagnais qui avoient vû avec admiration

Les effets surprenans de nos armes à feu, demanderent pour la premiere fois la protection, & l'alliance des François, qu'on leur accorda tres-volontiers au milieu des festins solemnels, & des presens reciproques, qui se firent de part & d'autre pour faire ligue offensive, & deffensive contre les Iroquois ennemis communs du Canada. Cette nouvelle alliance facilita les deux voyages, que Monsieur de Champlain avoit resolu de faire en France; ce qu'il fit en effet en 1610. & 1611. pour informer Monsieur de Mons, de tout ce qu'il avoit fait pour l'établissement de la Colonie. Sa sagesse & sa conduite furent si universellement approuvée, que Monsieur le Prince de Condé, auquel il s'estoit adressé de la part de Monsieur de Mons pour luy demander sa protection ; l'honora de la qualité de son Lieutenant dans le Canada, avec un plein pouvoir d'empêcher les autres Navires de France de venir commercer avec les Sauvages du grand Fleuve de Saint Laurent.

Plusieurs artisans de toutes sortes de métier, & un grand nombre de laboureurs s'offrirent à le suivre pour y cultiver les terres. Il les receut, les embarqua & mit à la voile pour Quebec, où il arriva heureusement avec tout son monde. On peut juger de la joye que son arrivée causa dans l'esprit des Sauvages nos alliez qui en conceyoient de grandes esperances, d'exterminer entierement les Iroquois par le secours des nôtres.

Monsieur de Champlain s'appliqua d'abord à faire défricher

la terre, qui commença dés l'année suivante à promettre à ces nouveaux habitans, cette abondante fertilité qu'on y voit aujourd'huy. Aprés avoir pourveu à tout durant le sejour qu'il y fit, cet homme infatigable dont le zele s'animoit de plus en plus pour l'établissement de la Colonie repassa en France l'année 1614. il dressa le plan, & les cartes du Canada, invita plusieurs familles qui resolurent d'y passer au premier embarquement, pour lequel il fit tous les preparatifs necessaires. Mais pour jetter de plus solides fondement, il se proposa deux choses, la premiere de former une compagnie reglée & appuyée de l'authorité du Roy, & la seconde d'obtenir des Missionnaires pleins de zele pour le salut des ames, gens désinteresfez, & qui à l'exemple des Apôtres ne recherchassent purement que la gloire de Dieu, la conversion des Infidels, l'établissement & la consolation spirituelle de la Colonie sans autre retour temporel pour eux-mêmes.

A cet effet il convint avec les Marchands de Normandie & de Saint Malo, qui jusqu'à lors avoient pretendu d'avoir la liberté & le droit de traiter les pelletries des Sauvages. Il leur remontra si efficacement les avantages qu'ils retireroient de leur societé, que les uns & les autres se rendirent à Paris, où ils formerent une compagnie pour onze ans; elle fut approuvée par Monsieur le Prince de Condé alors Vice-Roy du Canada, authorisée des Lettres Patentes du Roy, & ratifiée par les associez, à l'exclusion des Rochelois qui ne voulurent pas s'y trouver.

Aprés avoir formé cette compagnie pour le commerce temporel il ne restoit plus que de pourvoir à l'administration du spirituel par l'établissement des Missions. Il en communiqua premierement avec Monsieur Houel Secretaire du Roy, & Controlleur General des Salinnes de Broüage, ils firent tous deux l'ouverture de leur dessein au R. P. Bernard du Verger Provincial de l'immaculée Conception, Religieux d'une grande vertu & d'un rare talent, puissant en œuvres & en paroles : ce saint homme reçeut avec d'autant plus de joye cette proposition, qu'il estoit tout de feu & de zele pour procurer la gloire de Dieu & le salut des ames. Il envoya pour cet effet deux de ses Religieux à Paris, il les addressa à Monsieur le Nonce du Pape Paul Cinquiéme en France. Son Eminence leur témoigna , qu'elle n'avoit pas l'authorité de leur en expedier les pouvoirs, & qu'il falloit en écrire à Rome au Procureur de l'Ordre, afin de les obtenir de sa Sainteté : toutes ces difficultez jointes à quantité d'autres que ces bons Religieux n'avoient point prevû, les obligerent de remettre à un temps plus favorable l'entreprise de cette Mission.

Les Sieurs de Champlain, & Houel en furent sensiblement touchez & d'autant plus qu'ils ne s'estoient addressez aux Recollets que sur le bruit que faisoient alors dans le monde les grands progrez de l'Evangile

& le nombre prodigieux de conversions, que Dieu operoit par leur ministere dans l'Amerique Orientale, où selon le témoignage de l'illustrissime Kumeraga, premier Archevêque du Mexique, nos Peres avoient baptizé dans ce nouveau monde plus de 900000. ames, renversé de fond en comble 50. Temples des Idolâtres, brisé & reduit en cendres plus de 20000. idoles, consacré à la gloire de Dieu un nombre infini de Chapelles, d'Oratoires, & d'Eglises, aboli la coûtume abominable de ces barbares, qui tous les ans immoloient à leur fausse Divinité 20000. cœurs de leurs petits enfans : ces Messieurs ne se rebuterent point & voulant à quelque prix que ce fut obtenir de nos Peres, le Sieur Houel s'addressa au Reverend Pere Jacques Garnier de Chapoüin premier Provincial des Recollets de la Province de Saint Denis ; il reçeut cette proposition, & envisagea cette Mission qu'on luy offroit au commencement de sa sainte Reforme de même œil, que Saint François avoit regardé la conversion de tout le monde dans la naissance de son Ordre, confera de cette grande & genereuse entreprise avec Messieurs les Princes de Condé, les Cardinaux & les Evéques, qui estoient pour lors à Paris, où l'on tenoit les Etats.

La resolution de ce grand Religieux fut approuvée generalement de tous ces Seigneurs, qui pour prendre part à l'enprise, & à la conversion de ces Infidels, donnerent au Sieur de Champlain quinze cens liv. pour avoir des Chapelles portatives, Ornemens d'Eglise & d'autres choses necessaires pour commencer cette Mission. Sa Majesté luy donna ses Lettres Patentes, Monsieur le Nonce luy accorda la Mission selon l'ordre qu'il en avoit receu du Pape, en attendant le Bref, que sa Sainteté luy envoya en datte du 20. Mars 1618. les Marchands s'offrirent tous genereusement de nourrir, d'entretenir, & d'embarquer gratuitement tous les ans les Recollets jusqu'au nombre de six qui passeroient en Canada pour soûtenir la Mission, en sorte que toutes les choses estant ainsi disposées le R. P. Provincial ne s'appliqua plus, qu'à offrir à Dieu son entreprise & luy demander sa lumiere pour le choix des sujets, qu'il devoit destiner à ce grand ouvrage, & estre les premiers Apostres de la Nouvelle France. Voicy les copies du Bref de sa Sainteté & des Lettres Patentes du Roy conformes à leurs Originaux.

BREF
DE PAUL V,
POUR LA MISSION du Canada donnée par le Cardinal Bentivole aux Peres Recollets de la Province de Saint Denis en France.

GUIDO BENTIVOLE, *Par la grace de Dieu & du Saint Siége Apostolique, Archevêque de Rhodes, de la part de nôtre Saint Pere le Pape Paul V. au tres-chrétien Roy de France & de Navarre, Louis XIII. Nonce Apostolique, &c. & spe-*

cialement choisi, commis & deputé par nostre S. Pere Paul V. pour Iuge ou Commissaire en ces quartiers à nostre bien aimé le venerable Pere Ioseph le Caron Prestre, Religieux Profés Recollet de l'Ordre de S. François, Province de Paris, ou S. Denis, & à tous autres Peres & Freres Recollets Profés dudit Ordre de S. François constituez en l'Ordre sacré de Prestrise & Confesseurs approuvez par l'ordinaire, lesquels sont sur le point de recevoir Mission & Obedience de leur Pere Provincial pour s'acheminer avec vous en quelques contrées des payens & infideles pour moyenner leur conversion à la vraye Foy & Religion Catholique, ou que vous pouvez prendre avec la permission & licence du susdit Pere Provincial, salut & sincere dilection en nostre

Seigneur. Vous pourrez sçavoir qu'autre fois le Reverendissime Archevêque Comte de Lyon, Ambassadeur de sa Majesté treschrêtienne vers N. S. P. ayant requis le S. Siège Apostolique & suplié sa Sainteté que sous le bon plaisir de sadite Sainteté & avec les conditions cy-dessous écrites il fut loisible au Reverend Pere Provincial des Religieux Recollets du susdit Ordre Saint François, d'envoyer quelques Religieux du même Ordre & de sa Province de S. Denis en France, lesquels fussent suffisans & idoines pour prescher & estendre la Foy Catholique dans les terres & regions infideles, & d'autant que cette œuvre estoit de soy meritoire, & qu'il avoit pleu à sadite Sainteté de nous donner plein pouvoir de conceder les moyens competans & necessaires pour l'execution de tout ce que dessus pour les causes & raisons sus alleguées, par authorité & commission Apostolique, nous avons donné & accordé, donnons & accordons à vostre R. P. Provincial, & à vous qui avez esté nommez, choisis & deputez par luy, les facultez & privileges suivans, desquels vous pourrez vous servir & prevaloir au cas que dans ces lieux il ne se trouve personne qui en aye de semblables, & dont le tems ne soit encore expiré, & pour le tems seulement que vous, Frere Ioseph Caron & vos associez demeurerez dans ces païs de payens & infideles, & sont les susd. privileges de la teneur, vertu & pouvoir qui s'ensuit, sçavoir est, de recevoir tous les enfans nez de parens fideles & infideles, & tous autres de quelque condition qu'ils soient, lesquels aprés avoir promis

promis de garder, & observer tout ce qui doit estre gardé & observé par les fideles, voudront embrasser la verité de la Foy Chrêtienne & Catholique, de baptiser même hors des Eglises en cas de necessité, d'entendre les confessions des penitens, & icelles diligemment entenduës, aprés leur avoir imposé une penitence salutaire selon leurs fautes, & enjoint ce qui doit estre enjoint en conscience, les delier & absoudre de toutes Sentences d'excommunication & autres censures & peines Ecclesiastiques, comme aussi de toutes sortes de crimes, excez & delits, même des reservez au Siege Apostolique, & de ceux qui sont contenus dans les Lettres lesquelles ont accoûtumé d'estre lûës le jour du Ieudy Saint; d'administrer les Sacremens d'Eucharistie,

Mariage, & Extreme-onction, de benir toutes sortes de paremens, vases & ornemens où l'onction sacrée n'est pas necessaire, de dispenser gratuitement les nouveaux convertis qui auroient contracté ou voudroient contracter mariage en quelque degré de consanguinité & affinité que ce soit, sauf au premier & second, ou entre ascendans & descendans, pourveu que les femmes n'ayent point esté ravies, que les deux parties qui auroient contracté ou voudroient contracter soient Catholiques, & qu'il y ait juste cause tant pour les mariages déja contractez que pour ceux que l'on desire contracter, declarer & prononcer les enfans nez & issus de tels mariages legitimes. D'avoir un Autel que vous puissiez porter avec bienseance, & sur iceluy celebrer és lieux decens & honnêtes où la commodité des Eglises vous manquera.

En foy & témoignage de tout ce que dessus, nous avons commandé les presentes Lettres souscrites & soussignées de nostre main, estre faites, signées & scellées de nostre sçeau par nos amez Louis Savanutius nostre Auditeur & Docteur en l'un & l'autre Droit, & Messire Thomas Gallot Clerc à Paris Licentié és Droits Canon & Civil, Notaire public & Juré tant de l'authorité Apostolique que de la venerable Cour Episcopale de Paris, & suivant l'Edit du Roy descrit & immatriculé és registres de l'Evêché & Cour de Parlement de Paris, demeurant audit Paris ruë Neuve Nostre-Dame & nostre Notaire en ce quartier. Donné à Paris *l'an de nostre Seigneur mil six cens dix-huit, le vintiéme du mois de Mars. Ainsi signé G. Archevêque de Rhodes Nonce Apostolique, & plus bas par commandement du susdit Illustrissime & Reverendissime Seigneur Nonce Apostolique & Commissaire delegué, Thomas Gallot Notaire public comme dessus, & Louis Savanutius Auditeur.*

PATENTES DU ROY pour les Recollets.

Louis par la grace de Dieu Roy de France & de Navarre: A tous ceux qui ces presentes Lettres verront, Salut: les feu Roys nos predecesseurs se sont acquis le titre & qualité de Tres-Chrétien en procurant l'exaltation de la Sainte Foi Catholique, Apostolique & Romaine, & en la defendant de toutes oppressions, maintenant les Ecclesiastiques en leurs droits, & recevans en leur Royaume tous les Ordres des Religieux qui avec une pureté de vie se mettoient à enseigner les peuples & les endoctriner tant de vive voix que par exemple, & soit ainsi que nous soyons remplis d'un extreme desir de nous maintenir & conserver ledit titre de Tres-Chrétien, comme le plus riche fleuron de nostre Couronne, & avec lequel nous esperons que toutes nos actions prospereront, voulans non seulement imiter en tout ce qui nous sera possible nosdits predecesseurs, mais même les surpasser en desir d'établir ladite Foi Catholique & icelle faire annoncer és terres Loingtaines, barbares & étrangeres où le Saint Nom de Dieu n'est point invoqué. Nostre cher & devot orateur, le Pere Provincial de la Province de Saint Denis en France, des Religieux de Saint François de l'étroite Observance vulgairement appellez Recollets, se soit cy-devant, & en secondant nos desirs, offert d'envoyer és pays de Canada des Religieux dudit Ordre, pour y prescher le Saint Evangile & amener à la sainte Foy, les ames des habitans dudit pays, qui sont errantes & vagabondes dans leurs phantaisies, n'ayan taucune connoissance du vray Dieu, & à cet effet y en ayant envoyé nombre, leur labeur, par la grace de Dieu, n'auroit point esté inutil, au contraire quelques uns desdits habitans du Canada reconnoissans leur vieil erreur ont ambrassé avec ardeur la ſainte Foi, & y ont receû le ſaint Baptême, nouvelle qui nous a eſté auſſi agreable qu'aucune qui nous peut arriver, & ne reste à preſent qu'à affermir ce qui a eſté commencé par leſdits Religieux, ce qui ne peut mieux eſtre qu'en permettant auſdits Religieux de continuer, enſemble de s'habituer audit pays, & y bâtir autant de Convents qu'ils jugeront eſtre neceſſaires ſelon les temps & lieux, tous leſquels Convents, Monaſteres & Religieux ſeront ſous l'obedience dudit Pere Provincial de la Province de Saint Denis en France & non d'autre, & ce pour empêcher toute confuſion qui pourroit ſurvenir, ſi chaque Religieux à ſon premier mouvement ſe portoit de paſſer audit pays de Canada, à quoy deſirans remedier pour l'avenir; nous avons dit & declaré disons & declarons par ces presentes signées de nostre main, nostre intention & volonté estre que le Pere Provincial de ladite Province de Saint Denis en France seul, puisse & luy soit loisible d'envoyer audit pays de Canada autant de ses Religieux Recollets qu'il jugera estre necessaire, & quand bon luy semblera; auxquels Religieux Recollets nous avons permis & permettons par ces dites presentes de habituer audit pays de Canada & y faire construire & bâtir un ou plusieurs Convents & Monasteres selon & ainsi qu'ils jugeront estre à faire & auquel pays de Canada aucuns autres Religieux Recollets ne pourront aller, si ce n'est par l'obedience qui leur sera donnée par ledit Provincial de ladite Province de Saint Denis en France & ce afin d'éviter toute dissention qui

qui pourroit ſurvenir, faiſant deffence à tous les Maîtres des Ports & Havres de permettre qu'aucun Religieux de l'Ordre de S. François s'embarquent pour paſſer & aller au dit pays de Canada, ſi non ſous l'obediance du dit Provincial & de celuy qu'il commettra pour Superieur, & en témoignant plus particulierement noſtre affection envers leſdits Religieux, nous avons iceux enſemble leurs Convents & Monaſteres pris en noſtre protection & ſauve-garde. Si donnons en mandement à noſtre tres-cher & amé Couſin le Sieur de Montmorency Admiral de France ou ſes Lieutenans ſur tous les Ports & Havres de cetuy noſtre Royaume, & à tous nos autres Juſticiers & Officiers qu'il appartiendra que le contenu cy-deſſus ils ayent à faire garder & obſerver de point en point selon sa forme & teneur, & faire publier ces presentes par tous les Ports & Havres, & lieux de leur Jurisdiction, sans permettre qu'il y soit contrevenu. Mandons en outre à nostre Vice-Roy de Canada, ses Lieutenans ou autres nos Officiers des lieux, qu'ils ayent à maintenir lesdits Religieux Recollets de ladite Province de S. Denis en France audit pays, sans qu'ils y en puissent recevoir aucuns qui n'ayent l'obediance dudit Provincial de la Province de France, tenant au surplus la main à l'execution de cette nostre volonté, nonobstant quelconque Lettres à ce contraires, ausquelles nous avons dérogé & dérogeons par cesdites presentes. Car tel est nostre plaisir. En témoignage de quoy nous avons fait mettre nostre Scel à cesdites pre-

sentes. Donné à S. Germain en Laye, le 20. de Mars l'an de grace 1615. & de nostre Regne le Cinquiéme.

CHAPITRE II.

Premier embarquement des Missionnaires pour l'établissement de la Foi dans la Nouvelle France.

UN sçavant autheur faisant les éloges de l'Etat Regulier, a dit autrefois avec autant de verité que de justice, qu'il n'y avoit rien de plus grand ny de plus glorieux, que la conversion du nouveau monde, *Nihil præclarius aut gloriosius, quàm totius novi orbis conversio, quæ quantacumque est Religiosorum est. Hieron. Plat. Lib. 1. de bono statu Rel.* laquelle aprés la grace du Seigneur doit estre attribuée en toutes ses parties, aux travaux Apostoliques des Religieux en general, mais singulierement, dit il, au zele infatigable des Religieux de l'Ordre de Saint François qui ont l'honneur d'avoir esté les premiers dans cette haute & glorieuse entreprise, *Primos omnium qui tantam Provinciam aggressi sunt Franciscanos esse legimus. Hieron. Plat, ibidem. Nulli in tota India erant Religiosi præter eos quos dixi Franciscanos. Tersul.* En sorteque par la supputation faite au Chapitre general de l'Ordre tenu en 1621. les Recollets avoient alors dans l'Amerique Espagnole 500. Convens établis & distribuez en vingt deux Provinces. Depuis que Martin de Valence un de nos premiers Reformateurs y passa avec un grand nombre de Recollets, pour y jetter les premieres semences du Christianisme. Cette même gloire leur est deuë, & on ne peut sans injustice leur contester cet illustre avantage d'avoir encore esté les premiers Apostres de la Nouvelle France, où ils ont fructueusement travaillez à la conversion des Sauvages.

C'est donc dans l'année 1615. que nous devons reconnoistre le premier établissement de la Foi dans le Canada, & que le Pere Provincial des Recollets de Paris fit le choix du Pere Denis Jamay pour premier Commissaire de la Mission, le P. Jean d'Olbeau pour successeur en cas de mort, le P. Joseph le Caron, & le Frere Pacifique du Plessis, pour jetter les premiers fondemens du Christianisme dans la Nouvelle France où ils passerent effectivement en l'année susdite & commencerent ce grand ouvrage, qu'ils ont depuis continuez avec leurs Confreres par des travaux infatigables & de si heureux progrez comme il paroistra dans la suite.

C'est icy que je ne sçaurois me dispenser de faire une observation sur l'année par laquelle Monsieur l'Abbé de la Roque commence la premiere Epoque & la naissance de l'Eglise dans le Canada, lors qu'il en marque le premier établissement en l'année 1637. & 1638. par les R.R. P.P. Jesuites.

J'ay lû, non-seulement avec plaisir ce qu'il en a écrit dans ses memoires de l'Eglise imprimez à Paris en 1690. mais encore avec une estime singuliere pour le merite de l'autheur ; cependant comme il avouë luy-même, qu'il n'écrit que sur les memoires qu'on luy a donnez, & sur le recit des personnes qu'il a consultées de vive voix à Paris. Je ne sçaurois m'empêcher de le dire avec une liberté toute respectueuse, ou que ses memoires sont infidels , ou que les personnes qu'il a consultées luy ont deguisez la verité sur ce point d'Histoire que je traitte icy. Les Reverends Peres Jesuites même en conviendroient avec nous, & le reconnoissent dans le païs où nous travaillons avec eux : Les peuples qui sont encore aujourd'huy en Canada en rendent un témoignage public: Les plus fidels Historiens en font foi : enfin on voit encore dans ce nouveau monde les restes de nos anciens établissemens, dont plusieurs ont esté separez depuis nostre retour, sans parler des autres preuves authentiques que nous ferons paroistre dans la suite de cet ouvrage.

Ce fut donc en 1615. le 24. Avril environ les cinq heures du soir que les quatre premiers Missionnaires Recollets que nous avons nommez cy-dessus s'embarquerent à Honfleurs : aprés une navigation de trente & un jour, ils arriverent heureusement à Tadoussac le 25. May, jour consacré à la Feste de la Translation de nostre Seraphique Pere Saint François.

On laisse à penser de quel ardeur ces nouveaux Missionnaires se sentirent animez à l'abord de ce vaste païs, & de quel feu, l'onction de l'esprit les penetra à ces premiers momens. L'on peut dire que dans le desir extreme de gagner à JESUS-CHRIST tous les barbares de ce nouveau monde, leurs cœurs devinrent par inclination aussi grand que tout le Canada, la grace y operant le même effet, qu'elle opera dans celuy de Saint Paul, lequel aux termes de Saint Jean Chrysostome estoit devenu par le zele, & la charité aussi grand que tout l'Univers, *Non erraveris, si cor Pauli, cor totius orbis dixeris.*

Aprés avoir sejourné deux jours à Tadoussac, le R. P. Commissaire destina le P. Jean d'Olbeau pour aller devant à Quebec, y preparer toutes choses, où, le R. P. Commissaire le suivit peu de jours aprés avec le reste de ses Religieux.

CHAPITRE III.

Du premier établissement des Recollets, de la premiere Messe qui se soit jamais dite en Canada. Et les Missions qu'ils firent immediatement aprés y estre arrivez.

LEs commencemens sont toûjours difficiles, & d'autant plus que les ouvrages sont grands, ils trouvent aussi des plus fortes oppositions, mais sur tout en matiere d'établissement Religieux, quand même il s'agit de les pousser dans un païs commode, où il seroit facile de trouver toutes les choses necessaires à ce dessein.

L'on s'imaginera donc aisement les difficultez que nos premiers Missionnaires de la Nouvelle France ont soûtenuës quand ils se sont établis dans ce nouveau monde, où il n'y avoit que des bois, des forests, des ronces & des épines, où tout estoit à défricher, où même le necessaire à la vie manquoit ordinairement. Mais enfin animez, & fortifiez interieurement du même esprit qui les y avoit appellé pour estre les pierres fondamentales du Christianisme, ils surmonterent avec le secours du Ciel tous ces obstacles.

Le P. Jean Dalbeau estant arrivé à Quebec y avoit designé de concert avec Monsieur de Champlain le Plan de nostre premier établissement, d'une petite Chapelle, & d'une maiſon, pour mettre à couverr les Religieux dans l'endroit-même où eſt à preſent la baſſe Ville. Le tout fut bien-toſt en eſtat ; car il n'eut rien que de fort ſimple & conforme à la pauvreté Evangelique. Le Pere Denis Superieur n'avoit fait que paſſer par Quebec, & eſtoit parti en même temps pour les trois rivieres avec le Pere Joſeph le Caron, ayant laiſſé au Pere Jean d'Olbeau la conduite de l'ouvrage, lequel eſtant achevé, & la Chapelle en eſtat, il eut l'avantage le 25. Juin 1615. d'y celebrer la premiere Meſſe qui ſe ſoit jamais dite en Canada.

Rien ne manqua pour rendre cette action ſolemnelle, autant que la ſimplicité de cette petite troupe d'une Colonie naiſſante le pouvoit permettre. Le celebrant & les assistans tous baignez de larmes par un effet de la consolation interieure, que Dieu répandoit dans leurs ames de voir descendre pour la premiere fois, le Dieu, & Verbe Incarné sous les especes du Sacrement dans ces terres auparavant inconnuës ; s'estant preparé par la Confession, ils y receurent le Sauveur par la Communion Eucharistique : le *Te Deum* y fut chanté au bruit de leur petite artillerie, & parmy les acclamations de joye dont cette solitude retentissoit de toute part, l'on eut dit qu'elle estoit changée en un Paradis, tous y invoquans le Roy du Ciel, benissans son saint nom, & appellans à leur secours les Anges tutelaires de ces vastes Provinces, pour attirer ces peuples plus efficacement à la connoissance & adoration du vray Dieu. Voicy comme le Reverend Pere d'Olbeau en écrit à un Religieux de ses amis.

L'affection que vous avez au salut des ames de ce pays de la Nouvelle France, qui nous a fait desirer & même rechercher les moyens de les assister en personne, m'oblige à vous mander des nouvelles de nostre Mission. Nous partimes d'Honfleur le 24. d'Avril au soir, & arrivâmes le 25. May à un Port où s'arresterent les navires qui navigent icy. Ce Port s'appelle Tadoussac & est bien quatre-vingt lieuës dans la grande riviere du Canada, trente cinq lieuës au dessus est l'habitation des François, où j'arrivai seul de Reli-

gieux le second de Juin. Les autres y vinrent aprés selon la commodité. Le P. Commissaire & le P. Joseph n'y arresterent pas, ainsi ils voguerent le long de la riviere quarante ou cinquante lieuës, afin de reconnoistre la bonté du pays, & pour voir las Sauvages qui arrivent là en grand nombre pour traitter avec les François. Le 25. de Iuin en l'absence du Reverend Pere Commissaire j'ay celebré la sainte Messe, la premiere qui ait esté dite en ce pays, dont les habitans sont veritablement Sauvages de nom & d'effet. Ils n'ont point de demeure arrestée, ainsi ils cabannent ç'a & là, où ils sçavent trouver du gibier & du poisson, qui est leur nourriture ordinaire; les hommes & les femmes sont vétus de peaux & vont toûjours teste nuë, portent les cheveux longs, se peignent le visage de noir & de rouge, sont ordinairement d'une belle taille: quant à l'esprit; je n'en sçaurois assurement parler, n'ayant conferé jusques icy qu'avec quelques particuliers. La temperature de l'air m'a semblé jusqu'à cette heure de même que celle de France. Le terroir paroist bon, mais pour en bien juger il est besoin d'y avoir hyverné. Ie vous en eusse mandé davantage sans que je crois que le Reverend Pere Commissaire vous a écrit amplement de toute chose. I'ay presque demeuré toûjours seul avec Frere Pacifique depuis que nous sommes à terre. La prochaine année que nous aurons plus de connoissance nous vous écrirons plus au long, je me recommande affectueusement aux prieres de tous

tous nos Peres & Freres demeurant toûjours,

Vostre bien humble & bien affectionné Serviteur
Frere Jean d'Olbeau.

De Quebec en la Nouvelle France le 20. Juillet 1615.

Cette Lettre est écrite au P. Didace David son ami.

Pagination incorrecte — date incorrecte

Cependant le Pere Commissaire descendit des trois rivieres, où il laissa le Pere Joseph le Caron. Celuy-cy y resta avec les François soit pour leurs administrer les Sacremens, soit pour s'instruire des manieres & de la Langue des Sauvages, afin d'estre en estat de satisfaire au desir passionné qu'il avoit de leur annoncer l'Evangile. Il y bâtit à la faveur des François & Sauvages une maison & une Chapelle pour commencer la Mission sedentaire, que le P. Denis Jamay luy avoit ordonné d'établir avant son départ : il y dressa un Autel, orné selon la pauvreté d'un lieu champestre & sauvage. Il eut l'honneur d'y celebrer la sainte Messe le 26. Juillet 1615. avec une devotion sensible : il avoit disposé toutes choses pour une Miſſion ſolide, & il auroit ſouhaité d'y demeurer fixe, les Sauvages mêmes tacherent de l'y arreſter, il leur laiſſa deux François pour leur conſolation ſpirituelle, & comme le Reverend Pere Commiſſaire ſe reſervoit d'étendre ſes ſoins juſques à cette Miſſion ; le P. Joſeph partit des trois rivieres & deſcendit à Quebec où ſon Superieur l'appelloit, & ſes autres confreres l'attendoient, pour concerter enſemble ſur les connoiſſances, qu'ils avoient priſes du païs, & convenir des moyens les plus propres pour procurer la gloire de Dieu.

Eſtant à Quebec ils eurent pluſieurs conferences avec Monſieur de Champlain & les François les plus entendus, qui tous enſemble aprés avoir pluſieurs fois imploré le ſecours du Ciel, firent une espece d'assemblée Capitulaire, un petit Conclave, où à l'exemple des Disciples du Fils de Dieu aprés la descente du Saint Esprit, ces nouveaux Apostres avoient à partager entre eux ce vaste païs & ce nouveau monde, qu'ils alloient conquerir à l'empire de JESUS-CHRIST. On pourroit appliquer avec quelque sorte de rapport à cette petite troupe, ce que Saint Jean Chrysostome applique au grand Saint Paul, *parva machina gravida mundo*, comme la machine de ce grand Archimede qui portoit en idée & en zele ce nouveau monde Chrétien.

Le resultat de cette assemblée, & les partages qu'ils firent furent approuvez de Monsieur le Gouverneur. Le Reverend

Pere Commiſſaire demeura a Quebec comme dans le centre du païs pour adminiſtrer les Sacremens aux François de la Colonie, y former une Miſſion pour les Sauvages, porter ſes ſoins juſques aux trois rivieres, & en ètablir d'autres plus bas dans le Fleuve ſur leſquelles il pourroit veiller. Le Pere Jean d'Olbeau fut deſtiné pour les Montagnais. Son établiſſement y fut marqué à Tadouſſac, d'où il devoit s'étendre juſques au bout & à l'embouchcure du Fleuve de Saint Laurent. Le Pere Joſeph le Caron eut pour partage les Hurons & les autres nations du Couchant en remontant le Fleuve.

Le Pere Jean d'Olbeau partit donc de Quebec le deuxiéme de Decembre de la même année afin de se rendre au lieu qui luy avoit esté destinépour son district aux Montagnais, afin d'apprendre leur Langue, & estre en état de travailler tout de bon à leur conversion. L'on ne sçauroit exprimer la joye interieure de cet homme tout Seraphique, quand il se vit une foisen état de temoigner à Dieu à l'exemple de S. Paul, qu'il n'avoit point d'autre ambition, que d'amplifier le Royaume de JESUS-CHRIST, il s'y appliqua durant l'hyver avec un zele infatigable, & il devora avec plaisir toutes les difficultez, que l'on trouve à se rendre facile l'intelligence & l'usage de la Langue de ces barbares, dont il apprit les elemens en fort peu de temps. Il y bâtit un petit logement, où il ménagea une Chapelle en maniere de cabane, pour y assembler les François, & les Sauvages à l'instruction & à la priere : tout estoit propre, quoy-que pauvre : Il s'étudia pendant l'hyver à reconnoistre le sol du païs, l'humeur & la disposition naturelle des Sauvages Montagnais, & comme cette sorte de nation est presque toûjours errante, & vagabonde : il soûtint de grands travaux à les chercher, & à les visiter dans les lieuës principaux où ils estoient assemblez ; il poussa même jusques aux Bersiamites Papanachois Eskimaux & d'autres Sauvages en de-ça, & au de-là des sept Isles, arborant par tout le signe du salut, en sorte que beaucoup d'années aprés on a trouvé encore en differens endroits des vestiges, & des marques de cette course,

& du zele de ce premier Missionnaire.

Aprés cette découverte où il avoit pris beaucoup de connoissance & frayé les routes à l'établissement des Missions, il fallut venir à Quebec pour y rendre conte à son. Superieur.

Cependant le Reverend Pere Joseph le Caron estoit parti dés l'Automne dernier, par les barques de Messieurs de la Compagnie, qui alloient aux trois rivieres, & avoit poussé jusques aux Hurons & autres peuples à cinq ou six cens lieuës plus avant dans les terres, avec des Sauvages qui estoient venus en traite, & 12. François que Monsieur de Champlain donnoit aux Hurons pour les deffendre contre leurs ennemis. L'on ne sçauroit exprimer les fatigues que ce bon Pere essuya

ſuya pendant ce penible voyage, tantoſt parmy les boüillons, les courans, les rapides, & les chûtes d'eau capables d'effrayer les plus intrepides, tantoſt ſouffrant l'inſuportable incommodité d'une infinité de Maringoüins, Mouſtiques, qui jour & nuit ne luy donnoient aucun repos. Il en écrit ainſi à l'un de ſes amis. Il ſeroit difficile de vous dire, la laſſitude que j'ay ſouffert ayant eſté obligé d'avoir tout le long du jour l'aviron à la main & de ramer de toute ma force avec les Sauvages. J'ay marché plus de cent fois dans les rivieres ſur des roches aiguës, qui me coupoient les pieds, dans la fange, dans les bois, où je portois le canot, & mon petit équipage, afin d'éviter des rapides, & des chûtes d'eau épouvantables. Je ne vous dis rien du jeûne penible qui nous desola, n'ayant qu'un peu de desagamite, qui est une espece de pulment, composé d'eau & de farine de bled d'Inde, que l'on nous donnoit soir & matin en tres-petite quantité, cependant il faut que je vous avouë que je ressentois au milieu de mes peines beaucoup de consolation. Car helas quand on voit un si grand nombre d'Infidels, & qu'il ne tient qu'à une goutte d'eau pour les rendre enfans de Dieu, on ressent je ne sçay quelle ardeur de travailler à leur conversion & d'y sacrifier son repos & sa vie.

Ce zelé Missionnaire avoit paru au païs des Hurons qui le receurent avec toute la douceur & l'amitié qu'ils témoignent ordinairement à leurs hostes. Ce païs n'est pas de grande étenduë selon la description qu'en a faite ce bon Pere: on le peut traverser commodement en cinq à six jours de temps. Le climat y est fort agreable, beaucoup plus moderé que celuy de Quebec. La terre quoyque sabloneuse en plusieurs endroits, est fertile, & produit avec abondance du bled d'Inde, des faivrolles & des citroüilles. Le bled François même y viendroit sans doute en parfaite maturité. Ce païs est environné, & entrecoupé de tres-beaux Lacs dont le plus considerable qui est à leur Nord, est appelé pour sa grandeur, mer douce.

Il y a dix-huit Bourgades qui composent environ dix mille ames sous une même Langue, qui est commune à dix ou douze autres nations toutes ſedentaires & nombreuſes. Le plus fameux de leur Village s'appelle Carragouha, qui eſt revétu & entourré d'une triple paliſſade haute de trente ſix pieds pour ſe deffendre de leurs ennemis.

Ce fut dans ce Village, que les Hurons, pour témoigner au Pere Joſeph la joye qu'ils reſſentoient de ſa venuë, s'offrirent de le loger dans leur cabannes communes : il leur repreſenta qu'il avoit à negotier avec Dieu des affaires, ſi importantes, où il s'agiſſoit du ſalut de toute leur nation, qu'elles meritoient bien d'eſtre traittées avec plus de reſpect, dans la ſolitude, & dans la retraite, éloigné du tumulte & de l'embaras de leur familles, ils eurent égard à ſes remontrances : ainſi on luy bâfit avec des perches & des écorces une cabanne separée du Village, il y éleva un Autel pour offrir à Dieu le saint Sacrifice de la Messe, & vacquer à ses exercices spirituels. Les Sauvages l'alloient visiter en ces lieux pour se faire instruire des Mysteres du Christianisme & apprendre de luy la maniere de prier Dieu.

Peu aprés son arrivée le Pere eut la consolation d'y embrasser Monsieur de Champlain qui le suivoit de prés avec 2. François, & sept Sauvages qu'il avoit distribué en deux Canots pour monter en guerre contre les Iroquois, il arriva assez tost au païs des Hurons, pour assister à la premiere Messe que le Pere Joseph eut la consolation d'y celebrer, & planter au bruit de leurs fuzils le signe de nostre salut au milieu des actions de grace qu'ils rendirent à Dieu par le *Te Deum* qui fut chanté solemnellement pour la premiere fois dans ce païs barbare.

Cependant Monsieur de Champlain qui ne s'estoit engagé d'aller en guerre avec les Hurons nos alliez contre les Iroquois, que dans le dessein de captiver par ce moyen leurs amitiez, & de poursuivre plus facilement ses glorieuses découvertes, alla visiter tous les Villages des Hurons pour y arborer les armes du Roy, faire avec eux une étroite alliance & mettre leur jeunesse en état d'aller combattre les ennemis communs de leur nation, & des François. On leva la chaudiere de guerre, on fit les festins d'armes dans un plein concours des capitaines, & des guerriers, chacun y prit son parti, & plein de ce feu & de cette resolution que Monsieur de Champlain leur inspiroit, ils fixerent le jour du depart au premier de Septembre.

Il ne faut pas tant d'attirail, ni de munition de guerre, & de bouche à ces barbares, qu'aux Europeans, & aux autres nations policées : lorsqu'on se prepare à la guerre. Car ils ne font aucune provision de bouche, on en confie tout le soin au hazard de la chasse de Cerfs, de Castors, & de toutes sortes de Gibiers fort abondans en ces contrées. Pendant que le corps de l'armée gagne païs, l'on en destine d'autres à la pesche ; en sorte que rien ne manque particulierement le soir, qui est le temps de leur repas principal. Ce fut ainsi que nostre petite armée de Hurons partit sous la conduite de Monsieur de Champlain, qui avoit dix à douze François avec luy pour commander les Sauvages.

Aprés quarante huit jours de marche, comme ils approchoient du premier Bourg des Iroquois, ils rencontrerent un parti avancé des ennemis, dont nos gens firent onze prisonniers, le reste ayant esté tué, dissipé, ou mis en fuite. Cette defaite leur facilita les approches du Bourg, qu'ils trouverent situé dans une belle campagne sur le bord d'un étang, revestu de quatre rangées de palissades, hautes de trente pieds & fortifié par de gros arbres entrelassez les uns dans les autres, au dessus desquelles, ces barbares avoient fait une espece de chemin, qui leur servoit de parapet contre les coups de fleches, & de fuzils, ils avoient encore formé, & distribué de distance en distance quantité de goutieres pour jetter de l'eau, & éteindre le feu, au cas que nous eussions dessein de brûler leurs palissades.

Aux approches de cette forteresse, nos Sauvages apperçurent grand nombre d'Iroquois qui amassoient leur bled d'Inde, & leurs citroüilles, qui sont toute leur recolte. Il ne fut pas possible à Monsieur de Champlain, d'arrester l'ardeur des Hurons, & de retarder l'execution jusques au jour suivant, qu'ils en seroient venus plus facilement à bout : impatiens d'attaquer & de vaincre, se sentans soûtenus par des François ; Ils firent les huées ordinaires, & les cris de guerre, s'engageant avec si peu d'ordre

& tant de precipitation dans le combat, qu'ils couroient risque d'estre vaincus, si Monsieur de Champlain ne les eut rendu victorieux par la décharge de fuzils qu'il fit faire fort à propos : le bruit de cette petite artillerie effraya tellement les Iroquois qu'ils se retirerent chez eux, avec ce qu'ils purent emporter de leur blessez & de ceux qui avoient esté tuez dans la chaleur du combat. Cette victoire fut glorieuse aux Hurons qui ne perdirent qu'un seul homme, & il n'y en eut que cinq assez dangereusement blessez. La maniere de combattre si peu reguliere, que celle de nos Sauvages, rompit entierement toutes les mesures que Monsieur de Champlain avoit prises pour assieger cette place dans les formes. Il en dissimula son chagrin avec sa prudence ordinaire, & fit retirer les Hurons pour convenir avec eux, de quelle maniere on commenceroit le lendemain une seconde attaque.

Il fut résolu dans le Conseil, qu'on feroit un Cavalier, construit de pieces de bois, posées les unes sur les autres, & au dessus une espece de parapet, pour mettre les François à couvert des fleches des Iroquois, qu'on porteroit quantité de bois sec, au pied de la palissade, pour y mettre le feu, par le moyen des treinées de poudre : enfin pour corriger la precipitation avec laquelle nos barbares avoient agi à la derniere occasion, ils promirent de suivre regulierement les ordres de Monsieur de Champlain dans l'attaque de la place.

Au sortir du Conseil, les Sauvages travaillerent incessament au Cavalier, qui fut achevé en une nuit : trois cens hommes des plus vaillans, & des plus robustes, le poserent parmy une grêle de pierres, que les ennemis faisoient tomber sur eux, & une nuée de fleches, qu'ils darderent.

Sans s'étonner de voir plusieurs de leurs compagnons tomber morts à leurs pieds, ou blessez dangereusement, les autres apporterent avec la même fermeté le bois sec qu'ils avoient amassez, ils y mirent le feu, mais il n'eut aucun effet, parceque le vent contraire détournoit les flammes, & les portoit de l'autre côté ; d'ailleurs, les Iroquois rafraichissoient leur palissades, par une si grande quantité d'eau, qu'ils jettoient par les goutieres que le feu en fut bien-tost éteint.

Cependant les François monterent sur le Cavalier, d'où ils tiroient incessament sur les ennemis, qui perdirent du monde, ils furent même obligez de descendre de leur chemin couvert, & de se cacher dans le fort : la victoire eut esté infaillible, si nos Hurons contre la parole qu'ils avoient donnée d'attendre le signal, & les ordres de Monsieur de Champlain, n'eussent repris leur precipitation ordinaire ; ils decocherent toutes leur fleches par dessus le fort sans blesser que tres-peu d'Iroquois, si bien que nos Sauvages aprés trois heures de combat, estant rebutez, perdirent l'envie de se battre d'avantage, d'autant plus que Monsieur de Champlain ayant esté blessé de deux coups de fleches, l'un à la jambe, & l'autre à la cuisse, ils se virent sans chef.

L'on ne vit jamais une plus grande consternation. Les Sauvages tous les premiers transporterent le capitaine & leur blessez dans les Canots, & aprés leur avoir appliquez les premiers appareils des remedes sauvages, qui ne laissent pas d'estre specifiques, & souverains ; ils reprirent le chemin de leur païs: ayant laissez neanmoins chez les Iroquois la terreur de leurs armes, & de celles des François.

Durant la route Monsieur de Champlain se guerissoit, autant par un effet de la Providence de Dieu, que par le secours des remedes ; aprés beaucoup de peines & de fatigues, il arriva enfin heureusement le 14 Janvier, au fameux Village de Carragouha, où le Pere Joseph le reçeut avec toute la joye imaginable.

La charité & l'interest de la Foi pressoient si vivement nostre Apostre des Hurons, qu'après avoir jetté les premiers fondemens de cette Eglise dans leur païs, il y laissa deux à trois François de ceux qu'il avoit avec luy, pour continuer les ébauches qu'il avoit faites, & passa outre avec Monsieur de Champlain jusqu'au païs des Sauvages, qu'on appelle Petuneux, & à sept autres nations voisines. Ce zelé Missionnaire eut la consolation d'y souffrir beaucoup pour l'établissement du Christianisme, car ces barbares le maltraiterent cruellement à la sollicitation de leur Ohi ou Jongleurs, qui sont les Sorciers & les Magiciens de ces peuples.

Aprés avoir découvert l'esprit, & la disposition de ces Sauvages, il retourna sur ses pas dans son Village des Hurons. Cette course ne fut pas inutile pour la gloire de Dieu, y ayant baptisé quelques enfans, & quelques vieillards moribonds, ausquels il procura par ce moyen le salut éternel.

Estant donc de retour aux Hurons, il y sejourna le reste de l'hyver, acheva d'y prendre la teinture de leur Langüe, & en forma un Dictionnaire assez correct qui se voit & se conserve encore comme une Relique. Il s'appliqua fortement à humaniser ces barbares. Le temps n'estoit pas venu d'y operer de grandes conversions: mais

mais on les disposoit peu à peu à recevoir doucement les lumieres de l'Evangile, lors qu'il plairoit à Dieu de seconder par l'efficacité de sa grace, la verité & l'étenduë de son zele, & de ceux qui devoient le suivre. Aprés donc avoir mis toute chose en état, il partit de Carragouha, & arriva aux trois rivieres le 15. Juin 1616.

Le Pere Jean d'Olbeau quelques jours aprés son retour de la Mission de Tadoussac à Quebec, s'y estoit rendu par les barques de la compagnie, pour y visiter & reconnoistre l'état de la Mission que le Pere Joseph y avoit ébauchée l'année precedente. Peu de jours aprés Dieu voulut les consoler, par l'arrivée de Monsieur de Champlain, qui avoit poussé jusqu'au Lac des Nepysiriniens. C'estoit le temps de la traite laquelle estant finie, on mit à la voile pour Quebec, où les deux Peres arriverent ensemble avec Monsieur de Champlain, & y trouverent le Reverend Pere Commissaire, qui les reçeut avec joye.

CHAPITRE IV.

Voyage de Monsieur de Champlain en France avec le R. P. Commissaire de la Mission pour y representer l'état de toutes les nouvelles decouvertes & pour en procurer l'établissement.

DANS la naissance de l'Eglise, nous remarquons que les Apostres, aprés avoir fait une découverte generale, & confuse de la disposition des nations : s'assemblerent pour concerter ensemble, des moyens de conquerir l'Univers à la Foi de Jesus-Christ.

Ce que nos premiers Religieux avoient fait déja depuis un an, n'estoit proprement qu'une découverte du temperament de l'esprit, des mœurs de ces peuples, des voyes pour les attirer à l'Evangile, & des difficultez qu'on y trouveroit à surmonter, leur ayant fait seulement une premiere ébauche au Christianisme, & une preparation éloignée à leur conversion. Ce n'estoit encore qu'un cahos informe, qu'il falloit débroüiller avec le temps, en sorte que selon le projet formé entre eux dés l'année precedente : ils devoient se trouver à Quebec au mois de Juillet de l'année presente, pour faire ensemble un rapport fidel de leurs connoissances, & convenir de ce qu'il y auroit à entreprendre pour la gloire de Dieu. Ils prierent Monsieur de Champlain d'y assister, le connoissant autant zelé pour l'établissement de la Foi, comme pour le temporel de la Colonie, & six autres personnes des mieux intentionnées. Pour le bien du païs: ils convinrent tous d'un commun accord, des articles suivans, exprimez plus au long dans nos memoires qui subsistent encore aujourd'huy, afin que la verité, qui est l'ame de l'Histoire, regne par tout cet ouvrage. Il paroist donc qu'il fut conclu.

Qu'à l'égard des nations du bas du Fleuve, & de celles du

Nord, qui comprennent les Montagnais, Etechemins, Betſiamites, & Papinachois, les grands & petits Eskimaux: païs inculte, ſteril, & Montagnieux. Mais au reſte fort peuplé de toutes ſortes de beſtes ſauvages, Loups Marins, Caſtors, Origniaux, Ours, Marte, Loutres, Loups, Serviers. Les Sauvages y ſont errans, vagabonds dans les bois, ſuperſtitieux au dernier point, attachez à leur Jongleries, & ſans forme d'aucune Religion, & qu'à l'égard de la plus grande partie, il faudroit beaucoup de temps pour les humaniſer.

Que par le rapport de ceux qui avoient viſité les côtes du Sud, les rivieres du Loup, du Bic, des Monts Nôtre-Dame, & penetré même par les terres juſqu'à la Cadie, Cap-Breton,

& Baye des chaleurs, l'Isle percée, & Gaspée, le païs estoit plus temperé, & plus propre à la culture. Qu'il y auroit des dispositions moins éloignées pour le Christianisme, les peuples y ayant plus de pudeur, de docilité, & d'humanité que les autres.

Qu'à l'égard du haut du Fleuve, & de toutes les nations nombreuses des Sauvages, que Monsieur de Champlain, & le Pere Joseph avoient visité par eux-mêmes, ou par d'autres : outre l'abondance des chasses, qui pourroient y attirer les François par l'esperance de commerce ; les terres y estoient beaucoup plus fertiles, & dans un sol, & une temperature plus commode que chez les Sauvages du bas du Fleuve. Que ceux d'en haut comme les

Algomquins, Iroquois, Hurons, Nipſiriniens, Neutres, nation du feu eſtoient à la verité ſedentaires, ces nations eſtant communement dociles, ſuſceptibles d'inſtructions, charitables, forts, robuſtes, patiens: inſenſibles cependant, & indifferens pour tout ce qui regarde le ſalut. Peuples impudiques & ſi materiels qu'ils demandent quand on leur dit que leurs ames ſont immortelles, ce qu'elles mangeront dans l'autre monde aprés leur mort. Generalement tous les Sauvages qu'ils avoient connu, n'avoient aucune idée de la Divinité, croyant neanmoins un autre monde où ils eſperent joüir des mêmes plaiſirs qu'ils prennent icy bas. Gens ſans ſubordination, ſans loy, & ſans aucune forme de gouvernement, ny de Police, grossiers en matiere de Religion, fins & rusez pour le commerce & leur profit, mais superstitieux jusqu'à l'exces.

Ils remarquerent qu'on ne réüssiroit jamais à leur conversion, si avant que de les rendre Chrestiens, on ne les rendoit hommes. Que pour les humaniser il falloit necessairement, que les François se mélassent avec eux, & les habituer parmy nous, ce qui ne se pourroit faire que par l'augmentation de la Colonie, à laquelle, le plus grand obstacle estoit de la part des Messieurs de la compagnie, qui pour s'attirer tout le commerce, ne vouloient point habituer le païs, ny souffrir même que nous rendissions les Sauvages sedentaires, sans quoy on ne pouvoit

pouvoit rien avancer pour le ſalut de ces Infideles.

Que les Proteſtans, ou Huguenots, ayant la meilleure part au commerce, il eſtoit à craindre, que le mépris qu'ils faiſoient de nos Myſteres, ne retardât beaucoup l'établiſſement de la Foi. Que même le mauvais exemple des François pourroit y eſtre prejudiciable, ſi ceux qui avoient authorité dans le païs, n'y donnoient ordre.

Que la Miſſion eſtoit penible & laborieuſe parmy des nations ſi nombreuſes, & qu'ainſi on avanceroit peu, ſi on n'obtenoit de Meſſieurs de la compagnie un plus grand nombre de Miſſionnaires defrayez. Nous voyons encore par l'état de leur projet, que tous convinrent qu'il faudroit pluſieurs années, & de grands travaux pour humaniser ces nations entierement grossieres, & barbares, & qu'à l'exception d'un tres petit nombre de sujets, encore fort douteux, on ne pourroit risquer les Sacremens à des adultes, c'est ce qui se voit encore aujourd'huy; car depuis tant d'années, on a fort peu avancé, quoy qu'on ait beaucoup travaillé.

Il paroist enfin qu'il fut conclu qu'on n'avanceroit rien, si l'on ne fortifioit la Colonie d'un plus grand nombre d'Habitans, Laboureurs, & artisans: que la liberté de la traitte avec les Sauvages, fut indifferement permise à tous les François. Qu'à l'avenir les Huguenots en fussent exclus, qu'il estoit necessaire de rendre les Sauvages sedentaires, & les élever à nos manieres, & à nos loix. Qu'on pourroit avec le ſecours des perſonnes zelées de France établir un Seminaire, afin d'y élever des jeunes Sauvages au Chriſtianiſme, leſquels aprés pourroient avec les Miſſionnaires contribuer à l'inſtruction de leur compatriots. Qu'il falloit neceſſairement ſoûtenir les Miſſions que nos Peres avoient établies tant en haut qu'au bas du Fleuve, ce qui ne ſe pouvoit faire, ſi Meſſieurs les aſſociez ne temoignoient toute l'ardeur qu'on pouvoit eſperer de leur zele, quand ils ſeroient informés de tout d'une autre maniere, qu'ils ne l'eſtoient en France par le rapport des commis qu'ils avoient envoyé ſur les lieux l'année precedente ; Monſieur le Gouverneur, & nos Peres n'ayant pas ſujet d'en estre contens.

C'est à peu prés l'abbregé des conclusions qui furent prises dans cette petite assemblée de nos Missionnaires, & des personnes les mieux intentionnées pour l'établissement spirituel & temporel de la Colonie: mais comme rien ne se pouvoit faire sans l'aide de la France, Monsieur de Champlain qui avoit dessein d'y passer, pria le P. Commissaire & le Pere Joseph de l'y accompagner, pour faire rapport de tout, & obtenir plus efficacement tous les secours necessaires. Ils eurent assez de peine à s'y rendre, mais enfin considerant de quelle importance il estoit de jetter les solides fondemens de leur entreprise, ils se rendirent aux persuasions & aux instances de la compagnie, & disposerent tout pour leur départ. Ils laissoient parmy les Sauvages le Pere Jean d'Olbeau, homme tres-instruit, sage & zelé, sur lequel on se reposoit entierement: Frere Pacifique s'estant déja fort avancé dans le partage des travaux Apostoliques pour l'instruction des barbares, de sorte qu'on appareilla le 20. Juillet 1616. la navigation fut heureuse, & ils arriverent en France, les vaisseaux chargez de quantité de pelleteries, pour le compte des Negocians, ayant aussi apporté des épics de bled François, qu'ils avoient recueillis, des plantes & des fruits de ce païs étranger & barbare.

Messieurs les interessez les attendoient à Paris, où Monsieur de Champlain, & nos Peres se rendirent avec quelques autres François qui estoient passez de compagnie. On leur fit un rapport fidel de toutes choses tant du spirituel que du temporel. Ces Messieurs aprés bien des conferences promettoient beaucoup, mais sans effet : fort zelés pour leur commerce, mais peu sensibles à meriter la benediction de Dieu, en contribuant aux interests de sa gloire.

Il est vray que nos pauvres Peres qui s'estoient flattez de meilleurs esperances pour l'avancement du Royaume de JESUS-CHRIST, ne trouvans rien moins auprés de ces personnes de qui tout dépendoit, commencerent à regreter leur départ, puisque leur voyage avoit si peu de succés. On voit des lettres qu'ils écrivirent de Paris à M. de Champlain, qui estoit retourné sur ses pas en Normandie, par lesquelles en luy donnant advis de ce qui se passoit à Paris ; ils luy marquoient les derniers chagrins de se voir si peu avancez. Cela ne fut pas cependant capable de rallentir la ferveur de ces saints Religieux : bien au contraire, fondans toutes leurs esperances en Dieu, & destituez du secours de ces hommes interessez, ils s'abandonnerent entierement à la Providence qui suscita quelques personnes charitables pour leur faciliter les moyens de continuer leur ouvrage.

L'hyver se passa dans ces ménagemens. Il est surprenant de dire qu'un projet si noble & si glorieux tel que la conversion d'un monde nouveau, d'un païs barbare, qui faisoit alors assez de bruit en France, trouvast de si petits secours,

& même tant d'oppositions.

Monsieur de Champlain de sa part , n'oublioit rien pour soûtenir son entreprise, malgré tous les obstacles qu'il y rencontroit à chaque pas, il ne laissa pas de disposer un embarquement plus fort que le precedent, mais on peut dire que ce qu'il obtint de plus avantageux, fut de persuader le Sieur Hebert de passer en Canada avec toute sa famille qui a produit & produira dans la suite de bons sujets, des plus considerables , & des plus zelez pour la Colonie.

La Province des Recollets offrit assez de sujets; mais Messieurs de la compagnie, allant un peu trop à l'épargne, n'accorderent place que pour deux. Les Superieurs jugerent que le Pere Denis cy-devant Commissaire devoit rester en France, parce qu'estant instruit à fonds de l'état du Canada, il pourroit mieux que personne en gerer les affaires, & en procurer les avantages en Cour, & ailleurs. On designa donc le Pere Joseph le Caron pour Commissaire des Missions, & parmy le grand nombre de Religieux qui se presentoient, on luy donna le Pere Paul Huet pour second : Toutes choses estant prestes pour faire voile, on leva l'anchre à Honfleur le 11. Avril 1617. Le vaisseau fut commandé par le Capitaine Morel.

La traversée fut longue, & dangereuse. Les orages & les tempestes les reduisirent souvent au danger extrême : mais le peril le plus évident, & qui leur causa de plus fortes apprehensions, fut à deux ou trois cens lieuës du Canada, où ils rencontrerent un banc de glace d'une étenduë, & d'une hauteur prodigieuse, qui paroissant tout à coup dans la Brume, comme une grosse montagne venoit fondre sur le navire avec une vitesse incroyable, causée par la violence & la rapidité des courans. Plusieurs glaçons d'une grosseur extraordinaire détachez de la masse paroissoient comme des châteaux élevez les uns sur les autres, & comme des villes de crystal par la diversité, & la hauteur de leur figure. Le passage estoit fermé de plus de quatre-vingt dix lieuës de chemins; en sorte qu'ils furent obligez de s'écarter de leur route, pour cotoyer ces montagnes de glace, toûjours entre la vie

& la mort. La moindre partie de cette masse estant capable de briser les plus forts navires.

Dans une consternation si generale, le Pere Joseph voyant que tout le secours humain n'estoit point capable de les délivrer du naufrage, demanda tres-instament celuy du Ciel par les vœux & les prieres qu'il fit publiquement dans le vaisseau. Il confessa tout le monde & se mit luy même en état de paroistre devant Dieu. On fut touché de compassion & sensiblement attendri, quand la Dame Hebert èleva par les écoutils le plus petit de ses enfans, afin qu'il receut aussi bien que tous les autres la benediction de ce bon Pere. Ils n'échaperent que par miracle, comme ils le reconnurent par les lettres écrites en

France : Dieu ayant égard à leur zele, & voulant favoriser la conversion des peuples du Canada, les sauva de ce peril, & de plusieurs autres, qu'ils coururent peu à prés dans le Fleuve de Saint Laurent; ils arriverent enfin heureusement à Tadoussac, aprés plus de trois mois d'une navigation tres-dangereuse. Le Pere Joseph poussa à Quebec par les premieres barques, ayant laissé le Pere Paul Huet à Tadouassac, où il trouva la petite retraite & la Chapelle même en forme de cabane que le Pere Jean d'Olbeau avoit construit l'année precedente. Le Pere repara ce qui en estoit détruit & en bâtit une autre avec des perches & des rameaux, les Sauvages y contribuant eux mêmes de leur travail, particulierement ceux , qui avoient reçû quelque teinture de Religion , que les François, qu'on y laiſſa pour traiter avec ces Barbares avoient affermi. Le Pere y celebra la ſainte Meſſe au bruit du Canon du Navire, des fuzils des François , & des acclamations de joye, auſquelles les Sauvages même prenoient part, ſur ce qu'on leur faiſoit entendre, que ces ceremonies étoient pour benir & glorifier celuy, qui a tout-fait, & pour le remercier de ce qu'il avoit delivré les François des dangers de la mer, dont on leur rapporta les particularitez: Deux matelots étoient aux deux coſtez de l'Autel avec des branches de Sapins, pour chaſſer une infinité de Moringoins, qui incommodoient extremement le Celebrant. Aprés quelque temps de sejour, le Pere Paul partit pour Quebec dans le Navire du Capitaine Morel.

L'on trouva les Habitans de Quebec dans une extréme necessité des choses necessaires à la vie, ne se soûtenans que de chasse : La poudre mesme commençoit à manquer. Le lecteur s'attendra peut-estre de voir debarquer une grande quantité de munition de bouche, & d'autres necessitez, mais Messieurs de la Compagnie s'étant étudiez à l'épargne en avoient usé pitoyablement, à l'égard de M de Champlain, ne donnant que les marchandises de traite pour le commerce avec des Sauvages. D'ailleurs ils éloignoient tous les moyens d'y habituer les François, & enfin la navigation ayant esté longue, l'on avoit consommé beaucoup de vivres, & il ne restoit pour tout qu'un baril de lard; avec tres-peu de provision que le sieur Hebert, & quelques autres passagers avoient amené pour le compte.

Cette heureuse arrivée : ne laissa pas de consoler cette petite Colonie, qui estoit reduite à cinquante ou soixante François, actuellement à Quebec, dont quelqu'uns se trouvoient attaquez du Scorbut. Le Pere Joseph aprés avoir reconnu l'état de toutes choses envoya le Pere Paul à Tadoussac y continuer la Mission. Frere Pacifique partit pour continuer celles des trois-rivieres. Et le Pere Commissaire fut arresté à Quebec par Monsieur de Champlain, lequel se prepara à retourner en France dés la mesme année; les perils du voyage l'engagerent à demander le Pere Jean d'Olbeau, au Pere Commissaire afin de l'accompagner en France,

Cependant aprés le départ des Navires, le Pere Superieur celebra avec les solemnitez ordinaires, le premier mariage qui se soit fait en Canada. Ce fut entre le sieur Estienne Jonquest natif de Normandie, & la fille aisnée du sieur Hebert, lequel maria quelques années aprés sa seconde fille au sieur Couillard, dont la posterité, est devenuë si nombreuse en Canada, qu'on en conte actuellement plus de deux cens cinquante personnes, & plus de neuf cens qui sont alliez à cette famille, de laquelle quelques descendans ont obtenu des Lettres de Noblesse, & les autres se sont signalez dans l'ancienne & la

nouvelle

nouvelle France par des services considerables.

Il arriva dans ce temps un accident tragique. Ce fut le massacre commis par les Sauvages, dans la personne de deux François, ces barbares pretendans avoir reçeu quelque mécontentement, avoient resolu d'exterminer tous les François : ils se contenterent neanmoins de décharger leur fureur sur ces deux sujets, qu'ils tuerent à coups de hache, & aprés avoir attaché à ces cadavres de grosses pierres, ils les jetterent dans le fleuve au gré du courant, pour dérober aux autres la connoissance de cette noire action. En effet, peut-estre n'en auroit-on jamais rien découvert, si les liens venant à se pourrir, & à se rompre; La marée n'eût jetté sur le rivage, ces deux corps brisez &

tout pourris.

Les Sauvages voyant qu'ils estoient soupçonné du fait par les deffences qu'on leur fit, de ne plus approcher du Fort, ny des maisons des habitans, commencerent à craindre pour eux-mêmes, la juste vengeance des François, & pour en prevenir les effets, ils monterent aux trois rivieres, où ils tinrent au nombre de huit cens un conseil de sang & de carnage, dont le resultat fut qu'ils surprendroient, & couperoient la gorge à tous les François qui demeuroient à Quebec.

Comme il est difficile que dans un conseil composé d'une assemblée si nombreuse, un chacun soit de mesme sentiment, & qu'on garde le secret : La providence, qui veilloit à la conservation de la Colonie, permit que l'un de ces Sauvages appellé la Foriere, que nos Peres avoient menagé aux trois rivieres depuis deux ans, & qu'il s'étoient attachez d'inclination, en donna avis au Frere Pacifique qui en avertit aussi tost les François lesquels alors se trouvoient retranchez dans un petit Fort de bois assez mal en ordre. On n'épargna rien à ce Sauvage, on le chargea de presens, on luy en promit mesme de plus considerables, non seulement pour apprendre ce qui se machinoit parmi ceux de sa nation; mais encore pour les détourner de rien entreprendre contre nous; La Foriere s'aquitta heureusement de cette commission, & ménagea si judicieusement les esprits des Sauvages, que non seulement il les fit desister de leur funeste resolution, mais il les persuada encore efficacement de se liguer plus étroitement avec nous; De sorte qu'ils le prierent de faire leur reconciliation avec les François, & leur procurer des vivres dont ils avoient grand besoin: Ils envoyerent quarante Canots de femmes pour en obtenir, on leur en accorda autant que la commodité du temps le pouvoit permettre.

On reçeut avec plaisir en plein Conseil, les propositions de paix que la Foriere fit de leur part, à condition toutefois, que les Chefs & les Capitaines de la nation rendroient les deux meurtriers à la discretion des François, & pour cet effet les anciens de ces barbares eurent ordre de se rendre à Quebec, afin de traitter de cette affaire.

Cette propoſition que la Foriere porta à l'aſſemblée des Sauvages effraya d'abord ces Infidels, leſquels neanmoins faiſant reflexion ſur la douceur naturelle des François, & s'appuyant ſur l'authorité du Pere Joſeph le Caron, qui leur avoit toûjours témoigné beaucoup d'amitié, perſuaderent à celuy des deux, qui eſtoit le moins coupable de deſcendre avec eux à Quebec, ordonnant toutefois à leur petite armée de faire halte à demie lieuë du Fort, pour attendre le ſuccez de leur negotiation.

Ils preſenterent donc le criminel aux François, avec quantité de robes de caſtor, qu'ils donnerent pour eſſuyer leurs larmes, ſelon la coûtume ordinaire de ces Barbares, qui traitent ainſi les affaires importantes. En effet ils essuyent les larmes par les presens, ils appaisent la colere, engagent les Nations à la guerre, concluënt leur traitté de paix, delivrent les prisonniers, ressuscitent les morts, on ne parle enfin, & on ne répond que par des presens, & c'est pour cela que dans les harangues, les presens passent pour des paroles: ceux qu'on fait pour la mort d'un homme qui auroit esté massacré, sont en grand nombre; mais ce n'est pas ordinairement l'assassin, ou le meurtrier qui les offre, l'usage veut que ce soit ses parens, sa bourgade, ou mesme toute la nation selon la qualité & la condition de celuy qui a esté mis à mort. En sorte que si le coupable est rencontré par les parens du deffunt, avant qu'il ait satisfait, il est mis à mort sur le champ. Suivant donc cette coûtume: avant que la Foriere, les anciens, & les Capitaines de nos Sauvages eussent commencé de parler, Ils firent un present de douze peaux d'Elans pour adoucir les François, afin qu'on reçeut agreablement ce qu'ils avoient à dire.

Ils en firent un second, & le jetterent aux pieds des François disant que c'étoit pour netoyer la place toute sanglante où ces deux meurtres avoient esté commis, protestans qu'ils n'en avoient eû aucune connoissance qu'aprés le coup fait, & que tous les Capitaines de la nation avoient condamné cet tentat. Le troisiéme, étoit pour fortifier les bras de ceux qui ayans trouvé ces cadavres à la coste, les avoient porté dans les bois, ils y ajoûterent deux robes de Castor, sur lesquels ils devoient se reposer pour se delasser du travail qu'ils avoient souffert en les enterrant. Le quatriéme, estoit pour laver & netoyer ceux qui s'étoient soüillez par ce massacre, & pour leur rendre l'esprit, qu'ils avoient perdu quand ils firent ce malheureux coup. Le cinquiéme pour effacer tout le ressentiment du cœur des François. Le sixiéme, pour lier une paix inviolable, publiant que leur hache d'arme seroit suspendu en l'air sans ramener son coup, & qu'ils la jetteroient si loing qu'homme du monde, ne la pourroit jamais retrouver: c'est-à-dire, que leur nation estant en paix avec les François, les Sauvages n'auroient plus d'armes que pour la chasse. Le septiéme étoit pour témoigner le desir, qu'ils avoient que les François eussent les oreilles percées, c'est à-dire, ouverte à la douceur de la paix, & au pardon des deux meurtriers. Ils offrirent ensuite quantité de colliers de pourcelaines, pour allumer un feu de conseil, aux trois rivieres, & un autre à Quebec : ils ajoûterent en mesme temps un autre present de deux mille grains de pourcelaines, pour servir de bois, & d'alimens à ces deux feux. Remarquez s'il vous plaît que les Sauvages, ne font quasi aucune assemblée que le calumet à la bouche, & comme le feu est necessaire pour prendre le tabac, ils en allument presque toûjours en tout leur conseil; si bien que c'est une mesme chose chez eux, allumer un feu de conseil, ou tenir une place pour se visiter les uns &

les autres, & s'assembler comme les parens & les amis, qui veulent parler & decider de leurs affaires. Le huitiéme estoit pour demander la protection des François, & ils ajoûterent un grand collier, avec dix robes de Castor, & Dorigniaux, afin de confirmer tout ce qu'ils venoient de dire.

Quelque dessein qu'on eût de punir les meurtriers pour prevenir dans la suite de pareilles cruautez, on fut cependant obligé, de leur pardonner, parce qu'on n'étoit pas en état de resister à ces puissans ennemis: On leur demanda deux ostages, ils donnerent au Pere Joseph deux jeunes garçons, Nigamon, & Tebachi pour les instruire, & on renvoya les coupables, à condition toutefois qu'à l'arrivée des Navires, on decideroit de cette affaire en dernier ressort.

Cependant Monsieur de Champlain, qui estoit repassé en France employoit toute son adresse, la prudence, & les intrigues de ses amis pour obtenir, ce qui estoit necessaire à l'établissement de sa nouvelle Colonie. Le Pere Jean d'Olbeau de son costé n'y épargnoit rien: l'un & l'autre parlerent souvent à Messieurs de la Compagnie, mais sans aucun succez, car ces gens qui avoient toûjours les oreilles ouvertes au recit avantageux qu'on leur faisoit des profits considerables, qu'ils pouvoient retirer de leur commerce avec les Sauvages, les fermerent aux demandes, & aux instances qu'on leur faisoit. Ainsi ils se contenterent de ce qu'ils purent obtenir: quoy qu'il en soit, on engageoit toûjours quelques François pour aller prendre des terres, & former ce nouveau païs : Nos Peres mesmes ne purent se deffendre des prieres que le Pere Jean d'Olbeau leur fit pour retourner en Canada , avec Monsieur de Champlain: il prit avec luy Frere Modeste Guines, enfin ils partirent d'Honfleur, au premier Primtemps, la navigation fut plus heureuse que la precedente, & arriverent à bon port à Quebec.

Peu de temps aprés, Monsieur de Champlain s'embarqua avec le Pere Paul Huet, pour les trois rivieres, où ils trouverent Frere Pacifique du Plessis, qui avoit travaillé de son mieux à ébaucher l'ouvrage du salut des infidels, il comptoit avoir baptisé depuis un an quinze ou vingt de ces Barbares, enfans, malades ou moribonds : ce fut-là qu'on parla de l'assassinat commis envers nos deux François, & où Monsieur de Champlain confirma le pardon promis aux meurtriers.

Les Sauvages inviterent une seconde fois Monsieur de Champlain par les presens ordinaires, de monter en guerre avec eux contre les Iroquois: mais il ne le jugea pas à propos. Sa presence estoit necessaire à Quebec, où il descendit pour gagner le premier Jubilé, qui ait jamais esté publié en Canada.

Le Pere Jean d'Olbeau, l'avoit obtenu de sa Sainteté durant le sejour qu'il avoit fait en France, on en fit l'ouverture avec les ceremonies ordinaires dans la chapelle de Quebec le 29. Juillet 1618. Les François s'y disposerent avec toute la devotion possible, rien ne fut de si édifiant, que la pieté avec laquelle on visita les Stations que nos Missionnaires avoient preparez par des petites Chapelles, en forme de cabannes aux environs de Quebec. Les Sauvages en estoient les spectateurs, & quoique sans discernement de foy, ils ne laissoient pas de faire exterieurement les mesmes postures, & ceremonies que les François, & quelques uns même d'entr'eux, un peu plus avancez dans l'instruction recitoient les prieres, en chantant avec nous de leur mieux; Monsieur de Champlain donna cependant les ordres necessaires, & cet homme infatigable prepara encore un voyage en France. Il falut luy accorder un Prestre pour sa consolation. Le sort tomba sur le Pere Paul Hüet.

Il ſe trouva une ſainte diſpute entre les PP. Jean & Joſeph, celuy cy brulant du deſir de conſacrer ſes travaux à l'inſtruction des Sauvages, qu'il eſperoit toûjours d'avancer, quoy que l'on n'y remarqua que des diſpoſitions fort éloignées, pria le Pere Jean d'Olbeau de le decharger de la ſuperiorité, qui l'obligeoit à une reſidence plus ſedentaire à Quebec: Le Pere Jean y conſentit, & d'autant plus qu'on luy fit entendre, que ſa vuë ne ſe ſoutiendroit pas dans les grandes fumées des cabannes. Le Pere Joſeph partit donc de Quebec pour Tadouſſac avec un jeune François & quatre Sauvages le 9. de Nov. de la même année, n'ayant pû trouver l'occaſion, de retourner dans ſa Miſſion de Carragouha au païs des Hurons.

Ce bon Pere fit un hyvernement assez rude, & soutint de grands travaux. Il est vray que Dieu luy suscita un Capitaine de ces nations, qui l'adopta pour son frere, en sorte qu'il s'insinua par ce moyen auprés de ces Barbares, & s'y accredita pour les mieux disposer, & les gagner plus efficacement à JESUS-CHRIST. Tel est le saint artifice, dont se servent les Missionnaires, qui vont hyverner chez les nations Sauvages : ils recherchent celuy de tous les chefs, qui est le plus consideré, & le plus affectionné pour les François : Ce Sauvage l'enfante (c'est ainsi que parlent ces peuples) au milieu d'un festin qui se fait exprés : ce Capitaine l'adopte pour son fils, ou pour son frere selon l'âge & la qualité des personnes, en ſorte que toute la nation le conſidere, comme s'il étoit en effet naturel de leur païs, & parent de leur chef, entrant par cette ceremonie dans l'alliance de toute ſa famille au même degré, ſoit frere, ſœur, oncle, tante, neveux, couſins, & ainſi du reſte.

Celuy qui adopta le Pere Joſeph pour ſon frere, s'appelloit Choumin, c'eſt-à-dire raiſin, parce qu'il en aimoit la liqueur, les François l'appelloient le Cadet, à cauſe qu'il étoit extremement propre dans ſes habits, & que dans toutes ſes actions, il affectoit les manieres des François: Choumin donc fit tout ce qu'il pût pour la conſolation de ſon Miſſionnaire, il eût tant d'eſtime, & d'affection pour luy, que ſa femme étant accouchée d'un garçon, il voulut qu'il fût baptisé, & appellé Pere Joseph : je veux absolument, dit Choumin, à ce bon Religieux, qui taschoit de luy persuader, de donner à son enfant, le nom de Monsieur de Champlain, ou du sieur Pontgravé, qu'on le nomme Pere Joseph comme toy : & quand il sera grand, je te le donneray pour l'instruire, car je desire de tout mon cœur, qu'il vive sans femme, & qu'il soit vétu & habillé comme toy. Il falut contenter ce Sauvage, & son garçon fut appellé Pere Joseph, qui mourut dans son innocence cinq ans aprés son baptême.

Nôtre Missionnaire donc se servit utilement de l'amitié du chef des Montagnais, qui l'aida beaucoup à construire plus solidement la maison que nous y avions, dans un bel endroit que

Messieurs de la Compagnie, nous avoient accordé dans les formes l'année precedente. On ne sçauroit dire avec combien d'ardeur Choumin y travailla luy même, pour animer par son exemple, ceux de sa nation, à continuer ce même ouvrage; où il demeura avec cent quarante Neophites, qu'il avoit disposés pour le baptême, jusqu'au quinziesme de Juillet, qu'il descendit à Quebec, pour informer le Pere Superieur, de tout ce qui s'étoit passé de considerable durant son hyvernement: il laissa dans sa Mission deux François fort bons serviteurs de Dieu, en lesquels il se confioit beaucoup. Je ne sçaurois vous faire un recit plus fidel des autres circonstances de son hyvernement, que par ce qu'il en écrit luy-mesme au R. P. Provincial de Paris, aprés ſon retour de Tadouſſac à Quebec,

Je ſuis allé à Tadouſſac pour aſſiſter les Barbares de ces lieux, les inſtruire & adminiſtrer les Sacremens aux François & à ceux qui y demeurent durant la traitte de nos Marchands pendant l'hyver. Nous n'avons pas eu tant de neiges que les années paſſées. Les Sauvages ont eû grand faim, & je vous diray que par les deſordres des gens, que les Marchands laiſſent en ces lieux pour y faire la traitte nous avons penſé eſtre tous aſſommez, ſi Dieu n'eût retenu ces Barbares, & ne les eût éloigné de nous, leſquels cependant ont depuis recherché nôtre alliance & nôtre amitié. Ces peuples toutefois ſont fort dociles, & je m'étonne, vû les deſordres de nos François qu'ils n'en commettent pas de plus considerables. J'écris à Messieurs de la Compagnie, une partie de ce que j'en ay vû : je vous supplie, Mon Reverend Pere, de prendre cecy bien en affection, & d'apporter tous vos soins, afin de remedier autant qu'il vous sera possible, à ce que le bon ordre soit icy établi. Le Pere Commissaire, & Monsieur de Champlain, me donnent bonne esperance: mais enfin nous n'en trouvons point pour cela plus de soulagement: Nos Marchands vont toûjours en plus grand desordre, il nous donnent pour Commis, & Intendant de leur Marchandise, un Huguenot: le maistre garçon est de la mesme Religion que ce protestant qui commande dans cette habitation: Il faudroit si cela se pouvoit faire, que le Roy, mit un Seigneur Catholique en ces lieux, qui fut aimé de luy, & qui donna ce qui seroit besoin pour y faire un Seminaire. J'aurois eû un grand nombre d'enfans pour les instruire des mysteres de nôtre sainte Foy : Si j'avois eû dequoy leur donner, pour vivre. J'ay montré l'Alphabet à quelques uns qui commençent assez bien à lire & à écrire. Monsieur Hoüel vous pourra faire voir un exemple que je luy ay envoyé. C'est ainsi que je me suis occupé à tenir Echole ouverte dans nôtre Maison de Tassoudac, afin d'y attirer les Sauvages, & les rendre sociables avec nous pour les accoûtumer à nos façons de vivre. Si nous sçavions parfaitement bien la Langue, je ne sçais quel profit l'on ne feroit pas avec ces peuples. Nous sommes entrez en quelques diſcours ; ſçavoir, qui avoit fait le ciel & la terre, avec deux ou trois des plus anciens, & des plus ſuffiſans. Pour le ciel, ils ne ſçavent comme il eſt fait, ny qui en eſt le premier autheur, ſi nous y avions eſté me dirent-ils, nous en pourrions ſçavoir quelque choſe. Pour la terre, ils me nommerent un certain Michaboche, & commencerent à me raconter mille fables, qui reſſentoient quelque choſe du deluge. Enfin aprés leur avoir fait entendre la veritable Hiſtoire du deluge, ils dirent qu'il pourroit bien eſtre comme je le diſois. Ils croyent qu'il y a certains eſprits dans l'air, qui ont la puiſſance de dire les choſes futures, & d'autres qui ſont des medecins propres à guerir toutes ſortes de maladie: C'eſt ce qui fait que ces peuples, ſont fort ſuperſtitieux, & conſultent ces oracles avec beaucoup d'attention ; j'ay vû un Maiſtre Jongleur, qui fit dreſſer une cabanne avec dix gros pieus, qu'il planta bien avant dans la terre : il y fit un tintamare effroyable, pour conſulter les eſprits, afin de ſçavoir, s'il y auroit bien-toſt de la neige en grande quantité pour faire une bonne chaſſe d'Origniaux, & de Caſtors ; Il répondit qu'il voyoit beaucoup d'Origniaux, qui étoient encore fort éloignez, mais qui s'approcheroient à ſept ou huit lieuës de leurs cabanes, ce qui cauſa bien de la joye à ces pauvres aveugles. Je leur dis que Dieu eſtoit le maître de toutes choſes, & que c'eſt à luy à qui nous devons demander ce que nous avons beſoin

ſoin: ils me répondirent qu'ils ne le connoiſſoient point, & qu'ils ſeroient bien aiſe de ſçavoir s'il avoit le pouvoir de leur donner des Origniaux & des Caſtors. Je leur fis concevoir que nous avions de l'intelligence, pour ſçavoir comment tout avoit eſté fait, & par qui. Ils me témoignerent pour toute réponſe, que ſi l'on venoit habiter icy, ils me donneroient bien volontiers leurs enfans pour eſtre inſtruits.

Je remarquay un grand trait de juſtice en leur Capitaine: Aprés que nous eûmes fait la paix il fit ſes plaintes, qu'on vendoit trop cher les marchandiſes, quand les Sauvages venoient en traitte; & il pria qu'on leur fiſt un peu meilleur marché dans la ſuite: Noſtre Facteur pour les Marchands voyant son importunité, luy dit qu'à son égard on luy feroit meilleur marché, mais non pas aux autres. Ce Sauvage commença pour lors à dire à ce Facteur, avec une façon dedaigneuse, tu te moques de moy, de dire que tu me feras meilleur marché, & que tu tiendras la cherté à mes gens: si j'avois fait cela, dit-il, je meriterois que mes gens me pendissent & me coupassent la teste. Je suis Capitaine, je ne parle pas pour moy; je parle pour mes gens. Voilà ce dont je fus témoin. Considerez-donc, je vous prie, combien on peut esperer de ces Barbares, quand une fois ils seront instruits dans nostre sainte foy. Si vous souhaittez sçavoir, comme nous passons icy le temps, je vous diray, que nous le passons comme dans nos Convens, nous disons graces à Dieu tous les jours la sainte Messe, avec nôtre Office Canonial, nous faisons la lecture de table pendant le repas, & nous vivons le plus regulierement que nous pouvons, je me recommande autant que je puis à toutes les prieres de nos bons Religieux. J'ay au reste baptisé dix enfans moribonds, dont il y en a six qui joüissent de la gloire, estant morts aprés le batême: Plusieurs adultes se sont presentez pour se faire baptiser, mais il ne faut rien precipiter, j'attendray qu'ils soient encore mieux instruits. J'ay donné l'absolution à un Huguenot, qui s'est par la grace de Dieu reconnu, & a fait abjuration de son Heresie entre mes mains, il demande ardemment de demeurer avec nous à Quebec cette année, mais je ne sçay, si nos Marchands l'y laisseront : je verray Monsieur de Champlain avant son départ de Tadoussac ce 7. Aoust 1618.

CHAPITRE V.

Nouveaux progrez pour l'établissement de la Foi en la Nouvelle France depuis l'année 1618 jusques en 1620.

DIEU se plait ordinairement à éprouver ses élûs & même les hommes Apostoliques, par l'endroit qui leur est plus sensible : les perils, les travaux, les souffrances, le sacrifice de la vie, leur seroit un plaisir, si en se rendant victime pour leurs Freres, Dieu leur donnoit la consolation de voir quelques succez de leur entreprise pour sa gloire dans la conversion des ames.

Quiconque jettant les yeux sur ce nombre prodigieux de nations dont je traitte, l'état veritable de l'Eglise du Canada, & le peu de progrez qu'elle a fait jusqu'à present parmy les Sauvages, qui habitent une si grande étenduë de païs, dans lesquels tant de sçavants Prestres seculiers, & de saints Religieux ont porté partout le flambeau de l'Evangile, & donné toutes les applications de leur zele, sera obligé d'admirer la profondeur des jugemens de Dieu, & de s'écrier avec Saint Paul, *o altitudo.* Il veut nous faire sentir, que la conversion des ames, est l'ouvrage de ses graces, dont les momens heureux, n'estant pas encore arrivez, il se contente de nous voir gemir sous cette dépendance de son secours interieur, d'estre témoins de nos larmes, & de nos soupirs, d'entendre nos prieres, & nos desirs, de recevoir nos sacrifices, d'agréer les instances continuelles que nous luy faisons, pour avancer l'effet de sa misericorde à l'égard de ces peuples, ensevelis dans les tenebres de l'ignorance. Il veut cependant, que tous ces ouvriers Evangeliques travaillent à preparer cette vigne, qu'ils y employent toute leur industrie: mais qu'ils attendent le fruit avec patience. Dieu agira au temps marqué de sa Providence, & ce juste remunerateur n'en agrée pas moins nos travaux & nos facrifices, mais enfin il veut nous priver de ce retour de joye fenfible, s'ils eftoient fuivis de converfions nombreufes qui pourroient flatter l'amour propre & la vanité.

Je donne icy à mon lecteur un abbregé des fentimens de nos anciens Religieux fur les Miffions naiffantes du Canada, comme il paroift par les arrétez authentiques de l'affemblée des Superieurs de la Province de Paris, qui fut tenuë au retour de Monfieur de Champlain, & du Pere Paul en France, fur le rapport que ce Miffionnaire fit, & les éclairciffemens plus amples qu'il leur donna de la difpofition des Barbares. Helas ils virent avec douleur la difference des Miffions de ce nouveau monde, avec celles que les Recollets avoient commencées, & pourſuivoient alors dans l'Amerique, & dans le Perou, où on convertiſſoit tous les jours des millions d'ames, au lieu que dans le Canada, on n'y remarquoit qu'une terre ſterile & infeconde, de l'aveuglement, de l'inſenſibilité, un prodigieux éloignement de Dieu, & même une oppoſition à la Foi, que des ſiecles ſe paſſeroient à preparer ces Barbares à l'Evangile, avant que d'en eſperer quelque progrés, que pour comble de malheur, Dieu permettoit que le païs fut entre les mains d'une compagnie de Marchands intereſſez, & tout-afait inſenſibles à la propagation de la Foi. On voit par les memoires de cette aſſemblée, avec combien de penetration ils avoient prévus ce que nous connoiſſons aujourd'huy, & qu'aprés tant

d'années

d'années de travaux Apostoliques, on a si peu avancé dans la conversion de ces peuples; c'est en cela que j'ay admiré la grande Foi de nos premiers Peres, qui malgré toutes ces oppositions sembloient augmenter leur zele, & conclurent de continuer cet ouvrage par tous les moyens possibles.

Une des principales instructions, que nos Missionnaires avoient donné au Pere Paul en le députant en France, estoit de consulter les habiles de la Province, & les Docteurs de l'Université de Paris sur les inconveniens, qu'ils remarquoient à donner aux Sauvages le Sacrement de Baptême.

Telle est encore aujourd'huy la disposition de ces nations, qui ne professant aucune Religion, paroissent incapables des raisonnemens les plus communs, qui conduisent les autres hommes à la connoissance d'une Divinité vraye ou fausse. Ces pauvres aveugles écoutent comme des chansons, ce qu'on leur dit de nos Mysteres, ils n'en prennent que ce qui est materiel & sensible: ils ont leurs vices naturels, & des superstitions qui ne signifient rien, des manieres, & des coûtumes sauvages, brutales, & barbares: ils consentiroient de se faire baptiser dix fois le jour pour un verre d'eau de vie, & pour une pipe de tabac: il nous offrent leurs enfans, & veulent bien qu'on les baptise, mais tout cela sans le moindre sentiment de Religion; ceux-même qu'on aura instruit durant l'hyver entier, ne temoignent pas plus de discernement de

Foi. On en trouve tres-peu qui ne ſoient enſevelis dans cette profonde inſenſibilité, ce qui cauſoit à nos Peres de terribles allarmes de conſcience, connoiſſant que le peu d'Adultes à qui ils avoient administré le Sacrement, aprés même leur avoir donné les instructions, eſtoient auſſi-tôt retombez dans leur indifference ordinaire pour les choſes du ſalut; que les enfans baptiſez ſuivoient l'exemple de leurs peres; que c'eſtoit prophaner le caractere & le Sacrement.

Le cas fut expoſé plus amplement, & diſcuté à fond: on le porta même en Sorbonne, & la reſolution fut, qu'à l'égard des adultes & des enfans moribons, hors d'apparence de retour, on pourroit riſquer le Sacrement, lorſqu'ils le demanderoient, presumans qu'à cette extremité, Dieu donnoit aux adultes quelques rayons de lumiere, comme on avoit crû l'entrevoir à quelques uns. Qu'à l'égard des autres Sauvages, on ne devoit en aucune maniere leur accorder le Sacrement, sinon à ceux qui par un grand usage, & une longue experience auroient paru touchez, instruits, & détachez de leurs coûtumes Sauvages, ou à ceux qu'on auroit habitué parmy les François, élevez à nostre maniere de vivre, & humanisez, aprés avoir esté bien instruits, & de même aux enfans de ceux-cy. dequoy il fut dressé un Formulaire, & une espece de Canon fondamentale, qui servit de regle à nos Missionnaires pour s'y conformer absolument.

Nous avions déja établi les

années precedentes, des Missions sedentaires à Quebec, aux trois rivieres, aux Hurons, & à Tadoussac, comme il a paru cy-dessus, & nos Peres avoient laissé aux deux dernieres, de jeunes hommes, devots, & zelez, qui s'estoient offerts à nous en France, pour sacrifier leur vie avec nous dans le Ministere Apostolique; ils travailloient de leur mieux à catechiser, & humaniser les Sauvages dans leur districts, vivant avec eux, s'estant même fait adopter des principaux de la nation: procurant ainsi le salut des Sauvages; & le bien de nos petits établissemens. Nos PP. auroient bien voulu établir des Seminaires dans tous ces endroits, pour y habituer, entretenir, & élever les enfans des Barbares, que leurs peres offroient assez librement : mais comme c'estoit une entreprise de grands frais, & que nos moyens estoient mediocres ; on jugea à propos de donner ordre au Pere Paul de solliciter en France les pouvoirs, & les aumônes necessaires, pour commencer ce grand ouvrage par l'établissement d'un Convent regulier à Quebec, en titre de Seminaire, où les enfans seroient entretenus & instruits.

Le Pere Denis Jamay premier Commissaire des Missions de Canada, qui depuis son retour en France, avoit esté occupé à differens emplois, à Châlons en Champagne pour le bien de la Province, & à S. Denis en France en qualité de Superieur & de Predicateur, ne laissoit pas d'avancer avec succés les affaires de Canada, où il avoit parole de retourner l'année ſuivante : il ſe trouva alors à Paris avec le P. Paul, & ils agirent de concert pour obtenir l'établiſſement du Seminaire : les pouvoirs en furent expediez dans les formes : Monſeigneur le Prince de Condé y contribua de la ſomme de quinze cens livres : Monſieur Charles des Boüis, grand Vicaire de Pontoiſe, Eccleſiaſtique d'une grande pieté, voulut bien y prendre part ; il accepta la qualité de Syndic general de nos Miſſions, & donna pour premiere aumône la ſomme de ſix cens livres, ſans parler de pluſieurs ſervices bien plus conſiderables, qu'il accorda dans la ſuite : quelques autres perſonnes zelées entrerent dans cette ſainte entrepriſe, & on fit une ſomme de leurs charitez, qui fut remise à Monsieur de Champlain.

On avoit remarqué qu'il estoit bon, de se servir de toutes sortes d'ouvriers, pour l'instruction des Sauvages, & que les Seculiers même bien intentionnez, s'insinuoient assez bien dans leurs esprits ; le Pere Paul avoit ordre d'en gagner quelqu'uns en France, s'il estoit possible, afin de nous servir d'aide, & quelquefois même de supplement ; comme ils passoient à peu de frais, cela plût bien à Messieurs de la Cōpagnie : on en attira trois d'une douceur & d'une pieté exemplaire, qui voulurent bien se donner gratuitement à nous, comme associez au Ministere Apostolique, & qui nous servoient utilement : on obtint encore deux ouvriers à gages, pour travailler à nos établissemens.

On entretenoit toûjours le Chant de l'Office à Quebec, fur tout les Feftes & les Dimanches : quoy qu'il n'y eut qu'un Preftre ; que les François aidoient avec édification des Sauvages, qui aimoient nos ceremonies, nonobftant le peu de folemnité qu'on y apportoit. Neanmoins le Pere Paul fut affez heureux, fecouru du Pere Denis, & de Monfieur de Champlain, d'obtenir de Meffieurs de la Compagnie un Religieux Preftre de furcroît ; le Pere Guillame Poulain Religieux d'une vertu finguliere, fut preferé au grand nombre de ceux qui s'offroient pour paffer en Canada avec le Pere Paul Hüet.

Cependant Monfieur de Champlain n'oublioit rien de fa part pour avancer les affaires temporelles de la Colonie, & quoi qu'on ne répondit pas ny en Cour, ny ailleurs à ses empressemens, ny à ses bonnes intentions ; il en obtint toutefois quelque chose : aprés quoi il prepara un embarquement, avec ce qu'il pût de munitions de guerre, de bouche, & de traite, des ouvriers, des artisans, & des laboureurs pour la culture des terres: mais comme il avoit de plus amples desseins, il jugea à propos de rester en France pour les ménager efficacement, ne laissant pas de faire partir un vaisseau, dans lequel nos Peres Paul & Guillaume s'embarquerent avec les trois donnez, & les deux ouvriers. La traversée fut assez heureuse, ils moüillerent l'ancre à Quebec au mois de Juin 1619.

La joye de leur arrivée fut traversée par la mort de Frere Pacifique, qui mourut le 23. Aoust de l'année presente. Ce fut la premiere victime que le Ciel reçeut de nos Missions. Ses obseques furent celebrées avec toute la solemnité que l'état du païs le pouvoit permettre, mais au reste accompagnées des regrets des François, & des Sauvages, dont il y eut un concours prodigieux. C'estoit un homme de Dieu, d'une grande douceur, de zele & de simplicité, & quoi qu'il ne fut qu'un Frere laïc, on peut dire qu'il a extremement travaillé en peu de temps à l'avancement spirituel, & temporel de la Mission.

Le Pere Jean d'Olbeau Superieur aussi-tost aprés le debarquement, avoit envoyé le Pere Guillaume aux trois rivieres avec les deux donnez, afin de mettre ordre à tout, & de veiller à cette Mission. Le Pere Joseph qui avoit hiverné à Tadoussac, y travailloit de son côté avec beaucoup d'application, & comme on avoit reçeu de France avec les reglemens tous les pouvoirs, & les premiers secours pour bâtir un Convent Regulier, & un Seminaire, on choisit à cet effet pour emplacement un endroit situé à une petite demie lieuë du Fort de Quebec, où l'on faisoit état de bâtir la Ville, & où est encore aujourd'huy nostre Convent. Ce lieu represente une espece de petite Isle, entourée de forests naturelles, où passent & serpentent agreablemens les eaux des sources claires, & douces qui tombent d'une Montagne voisine, &

qui y sont conduites insensiblement ; ayant au Nord une petite riviere qui se décharge tout proche, & à l'Est, le Fleuve de Saint Laurent : le terrain y est gras, fertile, commode, & aisé : la veuë grande, étenduë, & fort agreable : l'air y est extremement pur, & sain, avec tous les agrémens que l'on peut souhaiter pour la situation. La petite riviere étoit appellée Cabir Coubat par les Sauvages, à raison des tours, & retours qu'elle fait en serpentant, & des pointes de terre qu'elle forme : nos Peres luy donnerent le nom de Saint Charles, qu'elle conserve encore aujourd'huy en memoire & à l'honneur de Monsieur Charles des Bouës, grand Vicaire de Ponthoise, Pere & Fondateur de nostre Mission par ses soins, & ses liberalitez.

Ce fut donc en cet endroit que nos Peres entreprirent de bâtir la premiere Eglise, le premier Convent, & le premier Seminaire qui fut jamais dans ces vastes païs de la Nouvelle France. Le Pere Superieur fit faire tout proche un four à chaux, dont on voit encore les vestiges. On prepara incessamment les materiaux, qui furent conduits sur la place durant l'hyver avec les planches & toutes les autres choses necessaires : il fit percer par tout dans le bois aux environs, des allées fort agreables, défricher la terre pour commencer les jardins, on s'y cabana au Printemps, les François & les Sauvages sous la conduite du Sieur de Pont-Gravé, y contribuerent également de leur travail, on y employa douze ouvriers de métiers, qu'on payoit des aumônes; en sorte que dés le troisiéme Juin de l'année 1620. le Pere Superieur y posa solemnellement la premiere pierre,

Pendant que les choses se passoient de la sorte en Canada, Monsieur de Champlain avançoit les interests du païs, du côté de France, ayant obtenu une petite flotte, avec une partie des secours necessaires pour l'établissement de la Colonie; & comme elle commençoit à prendre sa forme, Sa Majesté l'honora de la qualité de premier Gouverneur de la Nouvelle France, par Lettres Patentes, qui luy furent expediées avec ordre d'y bâtir des Forts, d'y étendre, & gouverner la Colonie selon les loix, & les coûtumes du Royaume, & sur tout de donner ses soins, & ses applications à la propagation de la Foi: il reçeut aussi de nouvelles commissions de Messieurs de la Compagnie, à qui le Roy avoit accordé le païs avec pouvoir absolu: Monsieur le Duc de Mont-morency y donna son attache en qualité de Vice-Roy de Canada, nouvellement nommé par sa Majesté. Monsieur de Champlain avoit ménagé beaucoup de monde pour le service du païs, & comme il faisoit état de s'y établir luy-même, il donna ordre à ses affaires domestiques, emporta avec luy tous ses effets, & disposa Madame sa femme, & toute sa famille à y passer la mème année 1620.

Le Pere Denis Jamay qui avoit commencé cette Mission en 1615. en qualité de premier Commissaire, & qui estoit en France en qualité de Resident, & de Procureur de la Mission, & de la Colonie; estoit à Paris de retour de Zezane en Brie, où il venoit d'établir durant l'hyver un Convent de nostre Ordre, en qualité de premier Superieur: la Province voulut bien le sacrifier encore une fois, & luy accorder son retour en Canada, d'autant plus que Monsieur de Champlain le demandoit avec instance: on luy expedia son Institution de Superieur, & de Commissaire Provincial en datte de l'année presente, & il se disposa à partir avec Frere Bonaventure, le Pere George le Baillif, Religieux Recollet, illustre par sa naissance, par son merite personel, & par l'estime singuliere dont sa Majesté l'honoroit, fut aussi inspiré de Dieu de faire le voyage. M. le Duc de Mont-morency, les Sieurs de Villemont, Dolu, le premier Intendant de l'Admirauté, & le second Intendant des affaires de la Nouvelle France, commanderent au Sieur de Champlain de ne rien entreprendre sans la participation de ce bon P. l'assurant qu'ils auroient toûjours pour agreable tout ce qu'il feroit de concert avec luy. Toutes choses estant disposées, le vaisseau fit voile l'année susdite 1620. & arriva heureusement à Quebec. Nos deux Peres qui avoient passé dans des vaisseaux differens, moüillerent presque en même temps.

La plus grande partie de tout ce qu'il y avoit de François dans le païs, se trouverent alors à Quebec, & une grande multitude de Sauvages de plusieurs nations, qui n'avoient jamais encore vû un tel embarquement. Cette arrivée heureuse, causa dans tous les esprits un redoublement de joye. Monsieur de Champlain Gouverneur y fut reçeu, & reconnu au bruit du Canon, il descendit aussi tost à la Chapelle des Recollets, où l'on chanta le *Te Deum*; le Pere Denis Jamay Superieur y fit une exhortation patetique pour porter les peuples à la soûmission qu'ils devoient à Dieu, au Roy & à son Lieutenant General.

Monsieur de Champlain homme infatigable, ayant reconnu de prés l'état du pays; donna ses ordres par tout : on ne dit rien des allées, des venuës, ni des voyages, qu'il fit en plusieurs endroits depuis son arrivée : on peut avec justice l'appeller le Pere, & le Fondateur de cette nouvelle Colonie, ayant tout sacrifié pour son établissement.

Cependant le Pere Superieur n'oublioit rien pour soutenir & avancer nos Missions dans le pays, où il envoya des obéïssances en forme, aux Missionnaires, qui estoient dans leurs districts scelées du grãd sceau de la Missiõ, pour preparer de loin l'esprit des Sauvages, & obtenir de leurs enfans les plus doux & les plus traitables. Il trouva les fondemens jettez de nôtre Convent & Seminaire, sur le bord de la riviere de S. Charles, & comme il avoit amené du renfort, il y appliqua de nouveaux ouvriers, en forte que la maiſon fut bien-tôt en état d'y loger les Religieux, & même des petits Sauvages.

On ne quittoit point pour cela, la maiſon & Chapelle, que nous avions bâtie en 1615. dans l'endroit où eſt à preſent la baſſe Ville de Quebec: elle nous ſervoit d'hoſpice & de Chapelle Succurſale, nous y adminiſtrions les Sacremens, & on y faiſoit l'Office Divin ſolemnellement, & publiquement, de même que dans le Convent nouveau.

Le Pere Superieur, cependant avança toûjours le bâtiment, il fit accommoder durant l'hiver les dedans de l'Egliſe, en ſorte qu'elle fut en état d'eſtre benite, le 25. May 1621. nos

Peres estant en pareil jour arrivez en Canada en 1615. elle fut benite sous le titre & Patronage de Nostre Dame des Anges, que nôtre Eglise & nôtre Convent retiennent encore aujourd'huy comme la premiere Eglise & la premiere Maison Religieuse, dans ce nouveau pays, de même que la premiere Maison de l'Ordre de S. François d'Assise fut consacrée sous le même titre de Nostre-Dame des Anges.

L'on n'ajoûte pas icy à l'occasion de cette conformité, les faveurs singulieres, qu'un de nos Peres y reçût alors, avec le frere Modeste Guinez, quoy qu'elles soient confirmées par une lettre du Pere Superieur, écrite au Pere Provincial, & que je l'ay entendu moy même reciter de Madame Coüilliard qui vivoit encore durant mon sejour en Canada. Ces sortes de faveurs extraordinaires, ne tiennent pas communement de place dans l'Histoire: & la pluspart du monde y ajoûtent peu de foy, comme il a paru par certains Livres de quelques Vies Canadiennes, qu'on a données au Public: il nous suffit d'en connoître les particularitez dans le Cloître, & de les croire pieusement, d'autant plus que nous avons reconnu depuis par les evenemens, la verité de tout ce qu'il a plû à Dieu de decouvrir alors à ces premiers Apôtres.

CHAPITRE VI.

Le Gouverneur, & les Principaux de la Colonie, deputent au Roy, le R.P. George le Baillif, pour les interests de la nouvelle France.

LA Compagnie des Marchands, qui avoit eu jusques icy la direction temporelle du Canada, éprouva le malheureux effet, qui est ordinairement attaché, à l'égarement de ceux qui oublient Dieu & luy preferent leurs interests, dans la conduite de leur entreprise.

Une des principales intentions du Roy Loüis le Juste, & la condition la plus essentielle des

des pouvoirs que ſa Majeſté avoit accordez à Meſſieurs de la Compagnie de Canada, eſtoit, qu'ils contribueroient de tout leur pouvoir, à l'établiſſement de la foy, & propagation de l'Evangile, parmy les Barbares de ce nouveau monde, qu'ils y envoyeroient, & entretiendroient un nombre ſuffiſant de Miſſionnaires, y conduiroient des habitans pour cultiver les terres, y feroient paſſer des ouvriers & des gens de toute ſorte de meſtiers: afin de multiplier la Colonie par le moyen des François Europeans, qu'on y conduiroit, & auſquels on feroit tous les avantages, qu'ils pourroient raiſonnablement eſperer, qu'ils humaniſeroient les nations Sauvages, pour les diſpoſer plus facilement aux loix & aux coûtumes de la nôtre ; qu'ils bâtiroient des Forts pour la deffence des François, & des Sauvages nos alliez, & enfin qu'ils entretiendroient à cet effet, les Officiers, & les soldats necessaires; moyennant quoy sa Majesté leur abandonnoit sans aucun retour, le commerce, & les avantages de ces vastes pays : ils s'y estoient engagez ; mais n'ayant rien moins accomplis dans la suite, par une cupidité extrême du gain qu'ils esperoient, ils negligerent tout le progrez du Christianisme, s'opposant même aux voyes, & aux moyens de l'avancer : ils estoient toûjours fort éloignez de la multiplication de la Colonie, & au lieu de bâtir des Forts & de s'aquiter des autres conditions, ils penserent uniquement au lucre sordide, & à tirer la substance du pays, par la quantité des pelleteries, qui estoient alors le grand commerce de Canada.

Monsieur de Champlain qui avoit luy-même ligué cette compagnie, avoit tâché inutilement durant son sejour en France à luy ouvrir les yeux, & à la piquer d'honneur & de conscience : c'estoit leur faire violence, que de procurer le bien de la Colonie naissante, & les secours qu'il avoit obtenus, estoient des purs effets de son industrie & de son adresse; il n'attira des Habitans, que contre le gré de ces Messieurs, & tous les établissemens, & Forts qu'il bâtissoit dans la nouvelle France, n'estoient aucunement à leurs frais : en sorte que si ce nouveau monde, n'avoit esté soutenu par le zele de ce brave Gentil-homme & habile Gouverneur, & par les soins & les applications des Missionnaires; toute l'entreprise eut assurément échoüé.

Un Navire arrivant de France l'année presente 1621. apprit que Monsieur le Duc de Montmorency Viceroy de Canada, avoit formé une nouvelle compagnie pour l'opposer à l'ancienne, dans l'esperance que celle là accompliroit plus fidellement les conditions cy-dessus alleguées. Messieurs Guillaume, & Emeric de Caën, l'oncle & le neveu en estoient les Chefs. L'ancienne Compagnie avoit envoyé un vaisseau, lequel arriva au petit printemps à Quebec, avec ordre à leur Commis de se servir du Fort de l'habitation, & d'entrer dans tous les droits du pays, specifiez dans le Traitté; sans toutefois rien entreprendre ſur les pelleteries, & les effets de Meſſieurs de l'ancienne compagnie.

Le ſieur du Pontgravé, qui eſtoit en France pour la compagnie ancienne en eſtoit parti, & ſuivoit de prés le Navire de Meſſieurs de Caën : il arriva à Quebec : mais on luy en refuſa l'entrée, & on ſe contenta de luy donner quelques marchandiſes, & de luy permettre de traiter aux trois rivieres, pour le compte de ſes aſſociez : il s'y accorda, & ne laiſſa pas quelque temps aprés, de deſcendre à Tadouſſac pour en faire le commerce.

Ce fut là que Monſieur de Caën arriva de France, muny de l'Arreſt du Conſeil, pour regler leurs differends; qui portoit que les deux compagnies, traitteroient librement enſemble cette année,& que l'un & l'autre contribueroit aux frais, & partageroit les profits : ces broüilleries exciterent de grands troubles, & retarderent beaucoup le progrés de la Colonie, quelque remede que Monsieur de Champlain pût y apporter: chacun prenoit son party: tout se passoit en dispute, & rien n'avançoit.

Parmy tous ces differens, M. le Gouverneur, les PP. Recolets, & les Habitans les mieux intentionnez du pays, tenoient un tiers party, & n'ayant en vûë que l'établissement de la Foy & de la Colonie, gemissoient de voir que tout alloit se detruire par des querelles d'interest, lesquelles estant rapportées en France, dégoûteroient sans doute le Roy & ses Ministres de la bonne volonté où la Cour estoit alors pour le Canada : ils ramasserent tous les sujets de plaintes, qu'ils pouvoient avoir : l'affaire estoit delicate : aprés toutes les tentatives, que Monsieur de Champlain avoit faites en France, il avoit peu d'esperance de se faire entendre de si loin : mais enfin, comme le Gouverneur & les notables du pays, joints à leurs premiers Missionnaires, s'estoient fait aussi des appuys considerables à la Cour, ils resolurent une deputation au Roy, & de choisir un sujet, qui eût la capacité & le credit, de negocier efficacement les affaires du pays dans les conjonctures presentes.

On n'hesita pas dans ce choix, la presence de M. de Champlain estant absolument necessaire dans ce nouveau monde, on ne trouvoit personne qui pût mieux remplir cette deputation que le Pere George le Baillif, lequel outre l'accés que son habit, sa vertu & sa naissance luy donnoient en Cour, avoit encore l'avantage d'estre connu du Roy, qui l'honoroit même assez souvent de son entretien & de ses Lettres. Ce bon P. ayant reconnu la volonté de Dieu par toutes les raisons qu'on allegua, accepta la Commission.

Une procuration authentique en fut dressée, signée du Gouverneur, & des principaux Officiers & Habitans, & scelée du grand sceau de la Mission. Le Pere neanmoins y reconnoissant plusieurs articles dont la negociation n'estoit pas tout-à-fait de l'Institut d'un Missionnaire, protesta à l'assemblée qu'-

il ne l'acceptoit que par la necessité qui se trouvoit d'une personne desinteressée, & pour y procurer ce qui regardoit la gloire de Dieu, le service du Roy, & l'établissement de la Colonie absolument necessaire à la propagation de la Foi parmy ces Nations Sauvages.

Le Pere George en vertu de ses pouvoirs accompagné des cahiers du païs & des instructions necessaires, s'embarqua le 7. Septembre de la même année dans le vaisseau du Sieur de Pont-Gravé ; aprés une heureuse navigation, il arriva en France, & laissant aux deux compagnies à disputer leurs interests, il s'appliqua uniquement à procurer ceux du païs auprés du Roy: il eut l'honneur de saluër Sa Majesté à Saint Germain, il en fut reçeu tresfavorablement, sans neanmoins entrer dans aucun détail à cette premiere audience. Quelques jours aprés Monsieur le Duc de Mont-morency en obtint une seconde, aprés avoir entretenu le Roy en particulier de l'état general du Canada, & des articles principaux que le Pere George avoit à representer : Ce Seigneur qui aimoit le païs, voulut bien conduire ce Missionnaire à cette seconde audience, où le Reverend Pere Provincial se trouva aussi. Le Pere George fit sa harangue dans les termes les plus respectueux, & les plus touchans ; presenta ses Lettres de croyance, l'acte de sa deputation, & une tres humble remontrance par forme de Requeste à Sa Majesté qu'elle reçeut avec toute la bonté &

la pieté possible, la remit à Monsieur de Mont-morency pour estre rapportée à son Conseil, & promit au Pere non-seulement d'y faire droit, mais encore de luy accorder personnellement sa faveur, & sa proection Royale.

L'on ne sçauroit mieux instruire le Lecteur de cette negociation, & satisfaire plus à propos la juste curiosité qu'il pourroit avoir de connoistre l'état de la Nouvelle France, le fond du commerce & les avantages qu'on en peut tirer, qu'en donnant icy au Public la copie de la Requeste & des articles essentiels de la députation.

SCACHENT tous qu'il appartiendra que l'an de Grace 1621. le dix huitiéme jour d'Aoust, du Regne de tres-haut, tres-puissant & tres-Chrestien Monarque Loüis Treize du nom, Roy de France, de Navarre, & de la Nouvelle France dite Occidentale du Gouvernement de haut & puissant Seigneur Messire Henry Duc de Mont-morency & de Damville, Pair & Admiral de France, Gouverneur & Lieutenant General pour le Roy en Languedoc, & Vice-Roy des païs & terres de la Nouvelle France, dite Occidentale, de la Lieutenance de noble Homme Samüel de Champlain, Capitaine ordinaire pour le Roy en la Marine, Lieutenant General és dits païs, & terres dudit Seigneur Vice-Roy, que par permission dudit Sieur Lieutenant, se feroit faite une assemblée generale de tous les François Habitans de ce païs de la Nouvelle France, afin d'aviſer des moyens les plus propres ſur la ruine & deſolation de tout ce païs, & pour chercher les moyens de conſerver la Religion Catholique, Apoſtolique & Romaine en ſon entier, l'authorité du Roy inviolable, & l'obeiſſance deuë audit Seigneur Vice-Roy, aprés que par ledit Sieur Lieutenant, Religieux & Habitans, preſence du Sieur Baptiſte Guers Commiſſaire dudit Seigneur Vice-Roy a eſté conclu, & promis de ne vivre que pour la conſervation de ladite Religion, obeiſſance inviolable au Roy, & conſervation de l'authorité dudit Seigneur Vice-Roy, voyant cependant la prochaine ruine de tout le païs, a eté d'une pareille voix deliberé que l'on feroit choix d'une personne de l'assemblée pour estre députée de la part de tout le general du païs, afin d'aller aux pieds du Roy faire les tres-humbles soûmissions ausquelles la nature le Christianisme & obligation rendent tous sujets redevables, & presenter avec toute humilité le cahier du païs, auquel seront contenus les desordres arrivez en ce païs & notamment cette année 1621. & aussi qu'iceluy député aille trouver nostre dit Seigneur Vice-Roy pour luy communiquer semblablement des mêmes desordres, & le supplier se joindre à leur complainte pour la demande de l'ordre necessaire à tant de malheurs qui menacent ces terres d'une perte future, & finalement pour qu'iceluy député puisse agir, requerir, convenir, traiter & accorder pour le general dudit païs en tout & par tout ce qui sera l'avantage dudit païs; & pour ce tous d'un pareil consentement, & de la même voix connoissant la sainte ardeur à la Religion Chrestienne, le zele inviolable au service du Roy & de l'affection passionnée à la conservation de l'authorité dudit Seigneur Vice-Roy, qu'a toûjours constamment & fidellement témoigné le Reverend Pere George le Baillif Religieux de l'Ordre des Recollets, joint sa grande probité, doctrine & prudence, nous l'avons commis, deputé & delegué avec plein pouvoir & charge de faire agir, representer, requerir, convenir, écrire & accorder, pour & au nom de tous les Habitans de cette terre, suppliant avec toute humilité Sa Majesté, son Conseil, & nostre dit Seigneur Vice-Roy d'agréer cette nostre delegation, conserver & proteger ledit Reverend Pere, en ce qu'il ne soit troublé ny molesté de quelque personne que ce soit, ny sous quelque pretexte que ce puisse estre, à ce que paisiblement il puisse faire agir & poursuivre les affaires du païs, auquel nous donnons derechef pouvoir de reduire tous les avis à luy donnez par les particuliers en un cahier general, & à iceluy apposer sa signature avec ample declaration que nous faisons d'avoir pour agreable & tenir pour valable tout ce qui sera par iceluy Reverend Pere fait, signé, requis, negocié & accordé pour ce qui concernera ledit païs.

Et

Et de plus luy donnons pouvoir de nommer & instituer un ou deux Avocats au Conseil de Sa Majesté, Cours Souveraines & Jurisdictions, pour & en son nom & au nostre, écrire, consulter, signer, plaider & requerir de Sa Majesté & de son Conseil, tout ce qui concernera les affaires de cette Nouvelle France. Si requerons humblement tous les Princes, Potentats, Seigneurs, Gouverneurs, Prelats, Justiciers & tous qu'il appartiendra de donner assistance & faveur audit Reverend Pere, & empêcher qu'iceluy allant & venant ou sejournant en France ne soit inquieté ou molesté en cette presente délegation, avec particuliere obligation de reconnoissance autant qu'il sera à nous possible. Donné à Quebec en la

Nouvelle France ſous la ſignature des principaux Habitans, faiſant pour le general, leſquels pour authentiquer davantage cette delegation, ont prié le tres Reverend Pere en Dieu Denis Jamay Commiſſaire des Religieux qui ſont en ces terres d'appoſer ſon ſceau Eccleſiaſtique ce jour & an que deſſus. Signé Champlain. F. Denis Jamay Commiſſaire. F. Joſeph le Caron. Hebert Procureur du Roy. Gilbert Courſeron Lieutenant du Prevoſt. Boullé. Pierre Reye. Le Tardif I. Le Groux. P. des Portes. Nicolas Greffier de la Juriſdiction de Quebec, & Greffier de l'aſſemblée. Guers Commiſſionné de Monſeigneur le Vice-Roy & preſent en cette élection, & ſcelé en placard du Scel dudit R. P. Commiſſaire des Recollets.

AU ROY

SIRE,

Les pauvres Religieux Recollets habituez à Quebec en la Nouvelle France, vous remonstrent tres-humblement, que depuis six années en ça qu'il a plû à Dieu se servir de leur ministere sous l'authorité de vostre Majesté, tant au voyage de cette terre étrangere, decouvertures du pays, qu'en la conversion des Peuples plus Sauvages en la connoissance de Dieu, qu'en leur conversion civile. Ils ont differé de donner leur avis touchant cette entreprise, jusqu'à ce que l'experience secondant leur bonne volonté, ils pussent avec tant plus de certi-

tude, qu'il importe de ne parler aux Roys que d'affaires bien digerées, & meurement considerées proposer à Vostre Majesté ce qui est necessaire en cette affaire : & bien qu'il semblât estre de leur devoir dés les premieres années de leur séjour audit pays, d'avertir Vostre Majesté de ce qui estoit à faire pour la continuation de cet auguste dessein. Ils ont estimé que les Lettres annuelles qu'ils ont écrites depuis leur arrivée suffisoient jusqu'à ce que le pays & les Peuples leur fussent davantage connus, afin que selon qu'ils trouveroient tant de la disposition des Peuples, que les profits que l'on pourroit esperer de la terre, ils jugeassent ce qui seroit plus à propos; Or est-il qu'à present que la hantise des Peuples les a rendus sçavants en leur recherche; & que les voyages qu'ils ont fait *de cinq à six cens lieuës dans les terres en la compagnie du Sieur de Champlain Lieutenant sous vostre authorité, de Monseigneur de Mont-morency Vice Roy du pays, leur ont acquis la connoissance tant desirée des Peuples de diverses contrées. Et voyans les grands & manifestes profits qui peuvent réussir à la gloire de Dieu, augmentation du Sceptre & de l'Empire des François, contentement singulier de vostre Majesté & profit & utilité de tous ses sujets. Les supplians ont jugé estre expedient, voir grandement necessaire de declarer ce qu'en conscience ils connoissent estre de toute cette entreprise, afin qu'il plaise à Vostre Majesté leur accorder le contenu en leur Memoire cy attaché. Les supplians doncques sont avec la grace de Dieu, SIRE, dans* une terre nommée par le commun Canada, mais mieux la Nouvelle France, en un lieu appellé Quebec, bâti par la diligence & industrie singuliere du Sieur de Champlain, fort avant dans le Fleuve de S. Laurent. Où ayans sejournez ils ont appris les richesses de ce quartier & specialement de ce Fleuve accompagné de plusieurs belles & fertiles Isles, peuplé d'une telle abondance de toutes sortes de poissons, qu'elle ne se peut décrire, bordée de côtaux pleins d'arbres fruitiers comme Noyers, Chastagniers, Pruniers, Cerisiers & Vignes agrestes, avec quantité de prairies qui ornent & embellissent les vallons, le reste de la terre garnie & peuplée de toutes sortes de chasse, & plus qu'il n'y en a en France, & avec plus grand profit en ce que non-seulement ils ne manquent de gibier & bestes fauves ordinaires en ces pays, mais ont de plus des Elans ou Origniaux, Castors, Renards noirs & autres animaux, dont la pelletrie donne accés & esperance au bien futur d'un tres-grand commerce: davantage la bonté de cette terre a esté de plus en plus reconnuë par les voyages que les supplians y ont faits, qui leur ont porté la connoissance de plus de trois cens mille ames desireuses du labourage, & faciles d'attirer à la connoissance de Dieu pour n'estre liez à aucun culte, par la conduite desquels Peuples les Fleuves, Rivieres, Lacs de largeur & longueur indicibles, ont esté reconnus par les supplians: mais comme le bien ne s'acquiert sans peine, il n'y a point de doute qu'outre les grands labeurs des supplians en ces découvertures,

& leur sejour dans le pays, ce qui leur donne le plus de trouble, n'est pas seulement de s'estre trouvé sans assistance d'aucune commodité, mais seulement de vivres par ceux qui sont associez en ce commerce, ausquels seuls faut advoüer cette obligation, mais que ces terres & leur abondance reconnuës par l'étranger, y sont en perpetuelle crainte de surprise, n'attendant que l'heure qu'on vienne couper la gorge à tous ceux qui resident audit Quebec. Car il ne faut pas tant s'assurer aux paupieres abbatuës des Lions que l'on ne sçache qu'ils mordent en dormant, & que les ennemis de vostre Couronne bien qu'ils semblent endormis, ne viennent à l'appas de si grandes esperances de gain & de profit. En effet, SIRE, qui ne se hazarderoit de venir posseder une terre

terre si riche laquelle donne de ses flancs, des mines de fer & d'acier qui rendent quarante-cinq pour cent, du plomb trente, du cuivre dix-huit, & qui en promet d'or & d'argent. Terre qui donne par usure toutes sortes de semences & laquelle dés à present donne les materiaux propres pour la construction de toutes sortes de vaisseaux, fournissant le meirain, jantes, planchages pour fenestrages, lambris, & de plus les gommes, braye & raisine. En outre la pelleterie cy-dessus mentionnée les cendres & la potasse, de quoy seul il se peut faire trafic de plus de cent mille écus & ce qui est plus considerable, un autre qui posséderoit ladite terre, pourroit de là tenir en bride & contrainte plus de mille vaisseaux de vostre Etat qui viennent annuellement aux pesches, dont ils emportent les huiles, les Moluës, Baleines & Saulmons dont vos sujets se servent. Il est vray que l'approche qu'ont fait une fois les Anglois qui couperent la gorge à la flote où estoit Monsieur de Poutrincourt s'en allant en l'Acadie, donne aux supplians des apprehensions qui leur sont tant plus grandes, qu'ils regretteroient de voir le titre auguste de nouvelle France changé en un autre, soit de Nouvelle Hollande, Flandre ou Angleterre: car d'estimer qu'il y ait rien qui resiste à present à leur entreprise, c'est se flatter en l'attente d'un malheur inevitable, s'il n'y est remedié, & bien que cela arrive, ce ne sera pas sans en avoir esté long-temps menacez, sans mettre en ligne de compte les menées & entreprises de ceux de la Rochelle qui tous les ans apper-

tent armes & munitions aux Sauvages, les animans à couper la gorge aux François & ruiner leur habitation, ce qui n'est pas peu considerable. Les supplians ont donc jugé estre de leur conscience de donner avis à Vostre Majesté, de l'interest qu'elle a en la conservation de cette terre, qui promet en la continuation des labeurs precedens, un passage favorable pour aller à la Chine, ce qui est autant & plus facile à conserver & maintenir, SIRE, sous vostre domination, que la conservation de ces pays dépend de l'entretien de la Religion par l'authorité de la Justice, quand elles y seront toutes deux appuyées & maintenuës par la force d'une garnison établie en un Fort qu'il faut bâtir sur la croupe d'une Montagne, qui tiendra plus de dix-huit-cens lieuës de pays sujet, attendu qu'il n'y a aucun abord reconnu que l'entrée dudit Fleuve de Saint Laurent. Ce qui fera réüssir le commerce & le rendra grandement profitable & par ainsi vostre gloire augmentée & une fleur ajoûtée à la Couronne Françoise.

Sur ces considerations, SIRE, plaise à Vostre Majesté accorder aux supplians le contenu en leurs articles cy-attachez, pour la conservation dudit pays, acroissement & entretien de la Religion Chrestienne en iceluy, & ils continueront leurs labeurs & leur prieres pour l'augmentation de vostre Empire, & la prosperité de Vostre Majesté. Outre que les ames qui seront par ce moyen conduites au Christianisme rendront leurs prieres, leurs biens & leurs vies tributaires de son Sceptre, s'il plaist à Sa M. d'agréer ce qui luy est demandé, sçavoir pour le regard de la Religion, que deffenses soient faites à tous sujets de Vostre Majesté faisans Profession de la Religion pretenduë Reformée, d'y habituer ou y entretenir aucune personnes de quelques Nations que ce soit, de ladite Religion pretenduë Reformée sur les peines qui seront jugées raisonnables, qu'il plaise à Sa Majesté fonder un Seminaire de 50. enfans des Sauvages pour six ans seulement, aprés lequel temps ils pourront estre entretenus, voir un plus grand nombre du revenu des terres qui seront cultivées pendant ledit temps, lesquels enfans sont tous les jours offerts aux supplians par leurs parens pour estre instruits & élevez en la Religion Chrestienne.

Qu'il plaise à Sa Majesté,

donner ausdits supplians de quoy avoir des Livres, Ornemens, utensiles, meubles, vivres & de quoy entretenir douze hommes pour leur labourer la terre & entretenir du bestail lesdites six années seulement.

Pour le regard de la Justice.

Il est grandement necessaire que Sa Majesté accorde que la Justice y soit exercée avec tant plus de puissance, que le commencement des peuplades sont plus importants, afin d'éviter les reproches de nos voisins & aussi pour ne permettre que sous l'authorité de Sa M. il se commette des voleries, meurtres, assassinats, paillardise, blaspheme & autres crimes déja trop familiers entre quelques François habitans en ladite terre.

Pour le regard de la Force.

Qu'il plaise à Sa Majesté de donner de quoy bâtir une tour à

Tadoussac, lieu qui est l'unique abord des vaisseaux & l'entretien pour six ans d'une garnison de cinquante hommes propres pour la construction & conservation dudit Fort.

Finalement qu'il plaise à Sa Majesté donner au Sieur de Champlain, de son Arsenal des Canons, poudres & munitions & augmenter son authorité & ses Pensions de luy & de sa Famille, son apointement de deux cens écus n'estant suffisant pour un tel entretien.

Le Roy estoit alors occupé à dompter les Heretiques, sur lesquels il avoit pris Saint Jean d'Angely, & soixante de leurs meilleurs places : les grandes entreprises de Sa Majesté contre ces rebelles, eurent encore dans la suite des succés plus heureux ; mais la conjoncture de cette grande guerre n'estoit pas favorable aux affaires de Canada, en quoy on reconnut la grande pieté du Roy, la bonté qu'il avoit pour la Nouvelle France, & en même temps le credit du Pere George auprés de Sa Majesté. Car il ne laissa pas d'obtenir les principaux articles de sa Commission & de surcroît plusieurs reglemens tres-avantageux au bien de la Colonie : il réüssit même à réünir les deux Compagnies ensemble : il fit terminer les differens par Arrest du Conseil d'Etat; en sorte que les deux Compaguies n'en firent plus qu'une seule, entrant dans les mêmes interests.

Comme la plus part de toutes les choses qui furent reglées & accordées demanderoient une longue & ennuyeuse discussion, qui d'ailleurs regarde principalement l'établissement temporel du pays, ce seroit fatiguer le Lecteur de placer icy tous les authentiques des états qui en furent dressez, les Lettres & les réponses du Pere George avec les reglemens qu'il addressa à Monsieur de Champlain: ils paroistront mieux & plus agreablement dans l'usage & dans l'application qui s'en fera pour le bien du pays dans la suite de nostre Histoire. Le Pere George cependant se rendit aux instances de Monsieur le Duc de Mont-morency, pour rester en France, afin d'y procurer efficacement les affaires du Canada en qualité d'agent general, & ainsi que Monsieur de Champlain le proposoit à ce Seigneur par la lettre qu'il eut l'honneur de luy écrire.

CHAPITRE VII.

Etablissement d'un Noviciat & d'un Seminaire en la Nouvelle France. Baptéme de quelques Sauvages. Incursion des Iroquois, & autres differentes avantures arrivées dans nos Missions.

LEs Superieurs de la Province se trouvans obligez d'arrester le zele du Pere George, & d'empêcher son retour en Canada pour le bien de la Colonie : afin d'en procurer efficacement les interests, à la priere de Monsieur le Duc de Mont-morency : on jetta les yeux sur les RR. PP. Galleran & Irené Piat, deux Religieux d'un grand zele, le second vivoit encore il n'y a que 15. ans, & est mort en Province chargé d'années & de merite en odeur de sainteté. Le P. Guillaume qui s'est rendu recommendable non-seulement par sa capacité, mais encore par un don singulier d'Oraison & de contemplation, dont Dieu l'avoit avantagé, s'estoit offert les années precedentes avec beaucoup d'empressement, pour aller annoncer l'Evangile à ces Barbares, & y satisfaire s'il se pouvoit l'ardeur violente qu'il avoit pour le martyre. Cette grace luy fut accordée, & comme le Pere George resident de la Mission en France avoit persuadé le Definitoir d'établir un Noviciat à Quebec, au Convent de Nostre-Dame des Anges, lequel pourroit y subſiſter avec le Seminaire des Sauvages, & contribueroit méme beaucoup à l'édification de ces jeunes Neophites: la Province choiſit ce bon Religieux, comme un ſujet plein de grace, de lumiere & d'onction, pour avancer le Seminaire & jetter les fondemens de ce premier Noviciat, ſi bien qu'avec ſon inſtitution de Superieur, on y ajoûta encore un pouvoir particulier de recevoir à noſtre ſaint Habit, non-ſeulement les François qui ſe preſenteroient venant du ſiecle, mais encore les Sauvages de noſtre Seminaire, ſi dans la ſuite du temps on pouvoit les rendre aſſez bons Chreſtiens pour eſperer même de les avancer juſqu'à la perfection Evangelique.

Monſieur de Caën preparoit toutes choſes pour l'embarquement à Dieppe & les vaisseaux se trouverent en état de partir au mois de May 1622. Nos Peres s'y embarquerent & leverent l'ancre le 15. dudit mois ayant mené avec eux quelques François pleins de pieté qui voulurent bien les suivre, & un jeune Sauvage que le Pere George avoit amené avec luy l'année precedente comme les premices de nostre Seminaire, où il avoit passé quelques mois.

Pendant que toutes ces choses se passoient ainsi en France, Monsieur de Champlain se soûtenoit de son mieux, & avançoit méme en Canada, il se fortifioit par de nouvelles alliances avec les Sauvages, les seuls Iroquois demeuroient impenetrables & indociles : cette nation fiere & indomptable qui avoit pour but depuis long-temps de détruire toutes les autres, ou de les soûmettre, s'estant apperçeus qu'elles recevoient des François leurs principales forces, fit un effort par un nombre prodigieux de Guerriers qu'elle partagea en differens corps, afin d'attaquer de tous côtez.

Comme on ne s'attendoit pas á une irruption si subite ny si violente, on avoit dispersé plusieurs de nos François qui estoient montez en traite avec des Sauvages nos alliez jusqu'au Sault appellé aujourd'huy de Saint Loüis : le Pere Guillaume Pouliain s'estoit offert de les suivre ; ils furent attaquez par une partie d'Iroquois, contre lesquels on se deffendit avec assez de succés à la faveur de nos armes à feu : on leur prit même quelques prisonniers : mais le Pere Guillaume qui estoit dans un Canot separé estant descendu à terre, fut surpris avec un François dans les bois par des Iroquois; ce bon Religieux souffrit avec toute la force & la patience, les indignitez & les cruautez de ces Barbares; ils avoient même déja commencé de l'appliquer au feu, lorsque nos gens s'estans apperçeus que le Pere leur manquoient, envoyerent un de leurs prisonniers pour traiter avec leurs chefs : on rendit un nombre d'Iroquois qu'on avoit pris, & ils remirent le Père en liberté avec les François & sept autres Sauvages nos alliez : il est vray que ce grand serviteur de Dieu eut cette consolation, que des prisonniers Iroquois qui nous restoient entre les mains il y en eut deux qui dans la suite du temps, ne voulurent plus retourner parmy ceux de leur nation : ils se joignirent à nous : on les instruisit au Christianisme, & ils nous servirent même fort utilement dans la suite contre ceux de leur nation.

Le païs est partagé d'une maniere que les Sauvages particulierement les Iroquois trouvent plusieurs routes par les rivieres écartées. Non-seulement pour s'échaper de nous, mais encore pour nous venir attaquer dans nos cantons : c'est ce qui en a rendu dans ces commencemens la deffense difficile : cette troupe sauvage s'alla joindre à un plus grand nombre qui passerent sur le ventre à deux ou trois parties des Hurons, & en peu de temps se rendirent avec trente

Canot

Canots dans le Fleuve de Saint Laurent, passerent les trois rivieres, & on fut surpris de les voir aux environs de Quebec: ils n'oserent pas approcher le Fort, quoyque Monsieur de Champlain fut alors absent, estant allé faire quelque decouverte en attendant l'arrivée des vaisseaux : mais ces Barbares aprés plusieurs tentatives sans aucun effet sur les François, vinrent en troupe attaquer nostre Convent, où l'on avoit heureusement achevé un petit Fort, sur le bord de la riviere de Saint Charles: la maison d'ailleurs y estoit de quelque deffense; nous éprouvames dans cette occasion le zele & la reconnoissance, non-seulement des François, mais encore des Sauvages nos alliez, qui accoururent à nostre secours. Quelquesuns des nostres y furent blessez de coups de fleches, dont deux moururent peu de jours aprés : & un valet y reçeut un coup de fleche dans le bras, qui n'eut pas neanmoins de mauvaises suites. Ces Barbares s'estant rebutez aprés en avoir veu sept ou huit des leurs tuez sur la place, dechargerent leur fureur sur deux Hurons, ausquels ils firent souffrir les plus cruels de tous les supplices, les faisant mourir à petit feu & les obligeans même à manger leur propre chair, qui estoit plus que demie cuite : ils acheverent le reste de leur cruauté dans le bois voisin du Convent, & se retirerent ensuite sans nous avoir causé un grand échec.

J'ay souvent oüy raconter cette avanture à Madame Coüillard qui estoit alors dans le Fort, où elle admira la protection toute visible de Dieu sur le Canada : estant certain que si ces Barbares eussent connu leurs forces, ils auroient pû sans difficulté desoler entierement la Colonie, vû l'absence de Monsieur de Champlain.

Le Seigneur qui n'oublie jamais les siens ne protegeoit pas moins la petite flotte qui venoit de France. Je ne m'arreste point icy à quantité de perils qu'elle essuya dans la route, non-seulement du côté de la tempeste & des orages, mais encore de plusieurs vaisseaux Rochelois dont elle fut attaquée, & desquels elle s'échapa heureusement.

Je n'oublirai pas neanmoins de donner au Lecteur un trait admirable de la misericorde de

Dieu dans la predestination de ses Elûs ; elle parut sensiblement à l'égard du jeune Sauvage que nos Peres avoient embarqué à Dieppe , pour le conduire en Canada ; on faisoit beaucoup de fond sur luy, à raison de sa grande docilité, & on esperoit que luy ayant fait voir ce qu'il y avoit de plus considerable, de plus beau, & les lieux les plus saints à Paris & ailleurs, il nous seroit d'un grand secours pour humaniser les petits Sauvages de nostre Seminaire, ou de quelque autre Mission & pour les disposer à la Foi : mais Dieu en disposa autrement, peut-estre pour le salut de ce jeune Canadien. Il tomba malade peu aprés son embarquement, & par les differens accez de la fievre son esprit se troubla ; le point de son égarement estoit de s'imaginer qu'un chacun avoit conjuré sa mort, il n'y avoit que nos Peres ausquels il avoit incessamment recours : au moindre mouvement que le Pilote, ou les Matelots faisoient, il croyoit qu'on l'alloit jetter dans la Mer: il se figuroit que les autres le vouloient assassiner, & que le pain & les vivres estoient empoisonnez, cependant comme la maladie du corps estoit entierement dissipée à la foiblesse prés, il eut d'heureuses intervalles par le retour de l'esprit, durant lesquelles les rayons de la grace en débroüillant sa raison, dissiperent peu à peu les tenebres de son infidelité, & le disposerent à la Foi. Dieu luy imprima particulierement la necessité du Saint Baptême : on l'entendoit plaindre nuit &

jour de ce qu'il n'estoit pas Chrestien : moy pourquoy non Chrestien, moy pourquoy non baptisé ? Il le demandoit avec instance au Pere Irenée qui ne le perdoit point de veuë ; il ne vouloit ny boire ny manger qu'on ne luy eut accordé sa demande. Ce garçon avoit de l'esprit, il parloit même & entendoit assez le François, comprenant par les réponses du Pere, qu'il n'estoit pas assez instruit de nos Mysteres pour recevoir le Sacrement de Baptême, il le supplia de luy enseigner ce qui estoit necessaire, à quoy on réüssit par le moyen d'un Interprete qui se trouva heureusement dans le Navire, & on le baptisa. Nous apprenons par les lettres de nos Religieux, qu'il y eut quelque chose de surnaturel, & de divin dans la ſuite de ce Baptême : car tous les aſſiſtans ne remarquerent plus rien de barbare dans ce Sauvage qui faiſoit paroiſtre un jugement éclairé, une conception dégagée pour toutes les choſes de la Religion, une grande docilité & une devotion ſi ſenſible, qu'il rendit ſon eſprit au Seigneur plein de raiſon & de grace, dont il donna toutes les marques dans cette extremité : on luy fit des obſeques comme aux Chreſtiens, ſur la Mer : la Meſſe fut celebrée en action de graces de ſa converſion miraculeuſe : on l'enſevelit proprement, & on ordonna l'enterrement qui ſe fit à l'ordinaire, c'eſt-à-dire en luy attachant deux boulets de Canon aux pieds, & on le fit enſuite gliſſer dans la Mer au bruit du Canon, qui sert de Cloche en semblable rencontre.

Ce precieux dépost que nos Peres, & ceux du vaisseau venoient de placer dans le Ciel, ne leur fut pas inutile : il leur servit d'Intercesseur dans une tempeste qui leur arriva en riviere accompagnée d'une Brume épaisse, où l'on avoit peine de se voir d'un bout du vaisseau à l'autre: le Pere Irenée dans une lettre qu'il écrivit depuis à Monsieur de Boües grand Vicaire de Pontoise ; où il luy fait recit de la conversion, & de la mort de ce Sauvage, reconnoît sincerement qu'ils estoient tous dans un extreme peril, lorsque plusieurs passagers de la troupe crioient à Dieu misericorde, & la luy demandoient au nom de cette ame qu'il venoit de recevoir

recevoir. soit que Dieu eut égard à la simplicité de leur Foi, soit qu'il reçeut l'intercession de cette ame glorieuse: il parut tout à coup sur le soir une clarté par laquelle on reconnût que le vaisseau alloit faire naufrage contre des Rochers à trente ou quarante lieuës de Tadoussac: on changea de bord, & on mit au large, en sorte que le vaisseau arriva peu de temps aprés par un vent heureux à la rade de Tadoussac.

Comme le Pere Joseph en estoit parti 15 jours auparavant pour faire sa retraite à Quebec, & recevoir des ordres sur les nouvelles connoissances qu'il avoit aquises: le Pere Commissaire jugea à propos d'y laisser le Pere Irenée, pendant qu'il poursuivoit sa route jusqu'à Quebec, il y arriva & descendit premierement à nostre Hospice de la basse Ville, où toute la Compagnie le reçeut avec une extreme joye. Le Pere Irenée le suivit trois semaines aprés. Ils furent également surpris de trouver une maison aussi avancée qu'estoit celle de Nostre-Dame des Anges, les terres & les jardins en état, & même une petite solitude défrichée avec de petites cabannes devotes dans les bois, où l'on conduisoit nos Sauvages par maniere de Station, & dont on voit encore les places., & les vestiges dans le terrain que nous y avons.

Cependant le Pere Paul Huet estoit monté aux trois rivieres depuis l'arrivée du Pere Joseph à Quebec, pour y administrer les Sacremens aux François. Ce fut là qu'il eut la consolation d'apprendre par une lettre que le Reverend Pere Guillaume Poullain écrivoit au Pere Commissaire, que depuis qu'il fut échappé des Iroquois, il s'estoit parfaitement rétabli, & avoit esté en état de poursuivre avec les quatre Canots François jusqu'aux Nepisiriniens; il mandoit que les Sauvages qu'il avoit trouvé sur sa route, luy avoient paru assez dociles & traitables, & que si on les pouvoit deffendre des incursions des Iroquois, en y bâtissant un Fort pour leur deffense, on pourroit esperer d'en former un jour des Chrestiens, qu'en conformité des reglemens & des resolutions de France, il n'avoit pas voulu risquer le Sacrement aux adultes: mais que durant son voyage & dans cet endroit il avoit baptisé depuis son départ plus de trente personnes, tant enfans que differens adultes malades à l'extremité, que dans les rencontres on s'estoit battu avec quelque parti d'Iroquois, si ceux cy avoient eu de l'avantage en blessant à mort de nos Sauvages, c'estoit un coup de predestination pour ces pauvres blessez, puisque cela procuroit leur salut par le Baptême. Il fait ensuite le recit d'une petite Sauvagesse, où il avoit vû quelque chose de miraculeux: elle estoit âgée de douze ans & comme elle avoit remarqué la ceremonie du Baptême de quelques autres, elle vouloit en faire de même à ses compagnes, & aux autres Sauvages de sa Nation; elle apprenoit toutes les prieres qu'on avoit fait traduire en sa Langue, elle les recitoit avec une memoire Angelique, témoignant des empressemens extremes pour qu'on la baptisât : & comme le Pere tenoit toûjours ferme, elle se faisoit jetter de l'eau, & appliquer les ceremonies par ses compagnes: je vous assure dit-il, mon R. P. que si je n'avois pas esté empesché par la resolution & le reglement envoyé de France, que je trouve d'ailleurs tres raisonnable pour le general des Sauvages, j'aurois accordé le Baptême à ce jeune enfant, qui me paroissoit recevoir assez bien les instructions que je luy faisois, mais comme elle appartenoit à des parens tout à-fait barbares & insensibles pour la Religion, je compris que ce seroit exposer le

Sacrement : je verray dans la ſuite ſi je la pourray tirer de leurs mains, & la conduire à Quebec, ou du moins j'eſpere que Dieu par une autre voye luy fera miſericorde.

Le Pere Commiſſaire ne trouva pas de ſi heureuſes diſpoſitions dans les Sauvages, qu'on tâchoit alors d'habituer parmy les François, ou qui ſe cabannoient aux environs de Quebec dans un petit canton, ny même parmy le peu que nous avions au Seminaire : l'eſprit volage & inconſtant de ces peuples ne leur permettant pas de ſe fixer long-temps dans un lieu : on en trouvoit neanmoins quelqu-uns qui paroiſſoient aſſez raiſonnables, on y fit même deux mariages de deux François avec deux Sauvageſſes ; qui s'eſtoient formées à noſtre

Langue & à nostre maniere, & qui ont depuis perseveré dans une grande intelligence, paix, & union avec leurs maris.

Les garçons estoient plus libertins, la chasse & l'air des bois les attiroient, & on les retenoit plus difficilement : il est vray que si on avoit continué jusqu'à présent ce que l'on ébauchoit alors, on auroit réüssi, & ces Nations Sauvages se seroient peut-estre humanisées, puisque nous voyons, que chez nos voisins de la Nouvelle Angleterre & de la Nouvelle Hollande, nos Europeans, quoiqu'Heretiques, mais plus sages en cela que nous, ont attirez parmy eux differentes Nations Sauvages, qui se sont tellement formées à leurs coûtumes, qu'on en éleve à toutes sortes de métiers, & de Professions, qu'on en trouve un tres grand nombre de Chrestiens fort instruits ; quelqu'uns même qui servent de Ministres pour l'instruction des autres, quoyque ces heretiques n'ayent commencez cet ouvrage qu'après nous : si bien qu'on auroit sujet de craindre que Dieu ne reproche un jour aux François à cet égard, que les enfans de tenebres sont plus prudens dans la propagation des erreurs, que les enfans de lumieres dans la veritable conversion des ames.

Nos Peres qui avoient alors tout le pouvoir & le credit dans les Missions, ne desesperoient pas avec le temps de réüssir, & d'humaniser quelques uns de ces Barbares : leur projet auroit eu sans doute tous les succez qu'ils attendoient, mais ils souhaitoient passionnement d'en élever quelques-uns, & de les instruire assez à la Foy pour les rendre capables même de recevoir nostre saint habit ; esperant par ce moyen donner quelque attrait aux autres Sauvages pour s'approcher de nous, & de recevoir avec plus de joye nos instructions ; lorsqu'ils verroient quelques-uns de leur Nation vétus comme nous, & leur expliquer nos Mysteres : c'est pourquoy ils avoient demandé le pouvoir d'établir un Noviciat pour leur faciliter ce dessein.

La Providence nous avoit addressé un jeune garçon natif de Roüen, nommé Pierre Langoisseux, qui s'estoit donné librement à nous, & qui depuis trois ans avoit servi à nos Ministeres pour l'instruction de de nos Sauvages aux trois rivieres : il nous pressoit depuis long-temps de luy donner le saint habit, & comme il estoit connu & aimé des Sauvages du païs ; s'estant fait adopter des chefs de plusieurs Nations : le Pere Commissaire considera cette vocation comme une conduite particuliere de Dieu ; qui vouloit favoriser le dessein de nostre zele : il le reçeut donc au Noviciat, la ceremonie de sa véture se fit au mois de Septembre 1622. en nostre Eglise de Nostre-Dame des Anges, avec le concours de Monsieur le Gouverneur, de tout ce qu'il y avoit de François, & d'une multitude de Sauvages. Il fut appellé Frere Charles, du nom de nostre premier Pere Syndic, dont il a esté parlé : il se trouva à méme temps quelques Habitans qui eurent la devotion de voüer leurs enfans à nostre Pere S. François: on jugea à propos de seconder leur pieté ; trois de ces enfans furent vétus du petit habit, ce qui ne contribuoit pas peu à attirer les Sauvages qui nous demandoient d'accorder la même chose à leurs enfans, & de les faire des Chitagons c'est ainsi que quelques uns de ces Barbares nous appelloient, à raison de la nudité des pieds. Le nouveau Novice poursuivit son Noviciat, il fera Profession & servira fort utilement à la Mission des Barbares, comme on verra dans la suite.

Monsieur de Caën quoique Huguenot, estoit neanmoins fort honneste homme, & ne laissoit pas d'avoir de la consideration pour nos Peres. Persuadé de leur desinteressement, qui ne recherchoient que la gloire de Dieu, il avoit fait conduire le Pere Irenée à Tadoussac dés le mois de Septembre dernier, où le Pere Joseph le suivit quelques mois aprés.

Le Pere Irenée, qui estoit jeune, fort, vigoureux & zelé, remplissoit tous les devoirs d'un parfait Missionnaire, il avoit pris du Pere Joseph une teinture de la Langue, où il s'avança en peu de temps par le commerce familier avec les Montagnais, en sorte qu'il ajoûta même beaucoup au Dictionnaire que nos Peres regloient depuis leur entrée au païs; il eut la consolation d'envoyer au Ciel quelques Sauvages, aprês leur avoir administré le Baptême, & de donner à d'autres quelques lumieres de la Foi:

mais aussi il eut le regret sensible de trouver ces peuples dans un aveuglement prodigieux, causé par leur Jonglerie & leurs supestitions; animé cependant de l'esprit de Dieu & passionné jusqu'à la jalousie pour la gloire du Seigneur que ces Infidels outrageoient si visiblement: il tâchoit fort adroitement de les éloigner de ces malheureuses coûtumes, qui sont comme leurs resources dans les maladies. Il en trouva l'occasion dans celle qui survint au frere du Sauvage qui avoit adopté le bon Pere, & qui le secouroit durant son hyvernement. La tendresse naturelle que ce Montagnais avoit pour le malade, l'obligea de rechercher par tout le remede dans les simples qu'ils connoissoient parfaitement bien, mais qui n'ayant pas eu de succés, le determina de consulter l'Oracle & le plus fameux Jongleur de la nation; il l'appella & fit dresser au milieu de sa cabanne une espece de tour avec des pieux piquez en terre & couverte d'écorce de bouleau, afin que dans ce petit cachot plein d'obscurité & de tenebres, orné de figures hideuses qui representoient le Demon, il pût apprendre celuy qui avoit causé la maladie de son frere. Le Jongleur y entra seul: il est horrible de voir les gestes, les postures & les contorsions qu'il faisoit, invoquant son Monitou, pour venir à la revelation de l'autheur de la maladie du frere de nostre Sauvage: il se battoit la poitrine; se déchiroit le visage, jettant des cris & des hurlemens épouvantables parmy le tint-tamarre & le bruit d'une eſpece de tambour de baſque : la terre trembloit de ſes ſauts & de ſes bonds, agitant de ſes mains les pieux de ſa cabanne juſqu'à ſuer ſang & eau, ſans ſe donner un moment de relâche.

Enfin aprés toutes ces invocations, ce maiſtre fourbe conclut que le mal avoit eſté donné par un Sauvage qui eſtoit à plus de 60. lieuës de la cabanne; & comme ſi cette impoſture eut eſté l'Arreſt decisif de la vie, & la Sentence de mort prononcée contre l'autheur imaginaire de cette maladie, il fut reſolu par toute l'aſſemblée que l'un des freres du malade partiroit inceſſament pour aller oſter la vie à celuy qu'ils croyoient avoir attenté ſur celle de leur frere.

On executa ce pernicieux Arrest sans que le Pere Irenée pût sauver la vie à un Sauvage innocent du crime qu'on luy imposoit : il est vray que cette cruauté le toucha, & l'obligea même de quitter cette cabanne, secoüant, comme dit l'Evangile, la poussiere de ses pieds pour aller à d'autres plus traitables & plus dociles : il n'y trouva pas neanmoins de satisfaction comme il l'esperoit.

Le Pere Joseph travailloit de son côté avec plus de patience, ayant appris par un long usage de ces Barbares, qu'on ne sçauroit attendre si tôt le succés de l'Evangile parmi ces peuples : le Pere Irenée crut les faire rentrer en eux mêmes en les quittant pour un temps, afin de se faire rechercher, en effet les montagnais touchés de ce depart

part, & penetrant suffisamment le sujet pour lequel il ne vouloit plus retourner avec eux vinrent à Quebec, avec des presens de langues, & de muffles d'Origniac, pour engager le Pere à continuer sa Mission. Les protestations, que luy firent ces Barbares de profiter de ses instructions, & l'aversion qu'ils temoignoient avoir de leurs superstitions, disant qu'ils n'avoient pas eu d'esprit jusques alors de suivre le Conseil du Monitou; mais qu'ils vouloient tout de bon avoir recours au grand Maître, qui a tout fait; toucherent le cœur de ce Missionnaire si sensiblement, qu'il se determina pour un second voyage, qu'il fit avec ce Montagnais; mais qui ne luy fut pas plus heureux, que le premier.

Ce grand Religieux, que la Province a connu pour avoir reçeu de Dieu le don de larmes, jusqu'à la fin de ses jours, gemissoit & soupiroit, employant ses prieres ferventes, & ses sacrifices, pour obtenir de Dieu en faveur de ces Barbares, ce qu'il ne pouvoit faire par ses paroles: ces miserables aveugles luy disoient, qu'il n'avoit point d'esprit : ne concevans pas le secret de ses intentions ; quelques-uns en étoient touchés & ce saint homme nous a dit depuis, qu'il avoit pensé mourir de regret dans ce voyage, par ce seul endroit de leur insensibilité : le temps venu du retour, il partit avec des Sauvages par un vent favorable ; mais étant devenu contraire, ils furent obligés de mettre à terre, où ils firent une Süerie de la maniere que j'ay décrit dans ma Relation de la Gaspesie.

Ce fut donc dans cette cabane où aprés avoir sué parmi les chansons & les divertissemens ordinaires, ils commencerent à invoquer leur Manitou pour avoir le vent propre & favorable.

Deux jeunes hommes qu'ils avoient mis en sentinelle interrompirent la jonglerie, en criant de toutes leur forces que le vent avoit tourné, ils s'en rejoüirent, disans au Pere que ce n'avoit pas esté son Jesus qui leur avoit donné un vent si favorable, mais qu'ils l'avoient obtenu de leur Manitou.

Dieu qui est jaloux de sa gloire, & de son honneur, ne tarda pas à vanger le Pere, puisqu'à peine furent ils embarqués, que l'air se troubla, le tonnerre gronda, & il s'éleva tout à coup une tempête si violente, que ce fut une merveille, qu'ils ne furent pas tous abimés. Dieu les delivra du naufrage en leur permettant de mettre à terre, ce qui donna occasion au Pere, de leur faire de fortes remontrances, & de les cathechiser puissamment, par la reflexion du danger, qu'on venoit d'éviter; tâchant de les conduire à la connoissance d'un premier principe, par les raisonnemens ordinaires & communs; & qu'il n'y avoit que Dieu seul qui disposoit de toutes choses, qu'il estoit le maître du ciel & de la terre, & que c'étoit luy seul, qu'ils devoient invoquer dans tous leurs besoins. Vous avés eu recours, leur dit-il à vôtre Manitou, pour avoir un vent favorable, & il vous en a donné un contraire. Il vous a trompé, & exposé au danger de vous perdre : il est juste à present, que nous invoquions le bon Jesus, qui se rendra favorable à vos desirs, si vous l'invoqués de tout vôtre cœur. Ces brutaux incapables de ces raisonnemens familiers, faisoient neanmoins les figures exterieures de chrétiens, consentant à ce que leur disoit le Pere, se prosternant comme luy, pour adorer Dieu, mais sans aucun sentiment de religion. Le tems devint calme, & ils arriverent à Quebec heureusement.

Le Pere Joseph cependant demeuroit à la Mission de Tadoussac, tantôt à l'habitation pour administrer les Sacremens aux François ; tantôt suivant les Sauvages avec une perseverance invincible. Parmi la sterilité & le peu de succés de ses travaux, il regretoit toûjours sa Mission des Hurons, & soupiroit pour y retourner: mais sacrifiant toutes ses inclinations à l'obeïssance, il s'attachoit avec un plaisir, & une inclination de pure grace, à la Mission de Tadoussac, Dieu luy donnant de temps en temps, parmy une infinité de degoust & de travaux, des consolations extraordinaires, comme il l'écrit à l'un de ses amis en France, par l'esperance, que le tems viendroit, d'humaniser ces Barbares, & de leur ouvrir les yeux à la lumiere de l'Evangile. Ce saint Religieux qui étoit d'une grande penetration, nous fait voir dans sa lettre le veritable portrait des Montagnais, tels qu'ils sont encore aujourd'huy : aussi brutaux, aussi insensibles, toûjours errans, vagabons, & incapables du Christianisme.

CHAPITRE VIII.

Mort d'un Recollet dans la Mission de l'Acadie. Arrivée de nouveaux Missionnaires à Quebec. Heureux progrés de la Mission aux Hurons. Estat de celles des Nypisiriniens, des trois Rivieres & de Tadoussac.

NOs anciens Peres Recollets de la Province d'Aquitaine, à qui Messieurs de la Compagnie s'étoient premierement addressés en 1615. pour donner des ouvriers Evangeliques au Canada, ayant trouvé differens obstacles, comme nous avons dit, ne perdirent pas pour cela la bonne volonté & le desir qu'ils avoient d'aller prendre part aux travaux Apostoliques des Recollets de la Province de Paris. Ils en trouverent une occasion assez favorable par les associations qui furent faites à Bourdeaux en 1619. l'une pour la pesche sedentaire, & l'autre pour le commerce des pelleteries.

Messieurs de la Compagnie avoient traitté avec le Roy pour tout le continent depuis l'entrée de la Baye de Saint Laurent, Nord & Sud, jusqu'au fond du païs. L'Acadie est une vaste Province contenant plusieurs nations differentes des Sauves : ce païs avoit esté toû-

jours

jours reſervé & n'eſtoit point compris dans le Traité. Il n'eſt pas de mon ſujet d'ajoûter icy toutes les circonſtances de ces deux petites compagnies qui furent formées à Bourdeaux, d'autant plus qu'il n'y eut rien de conſiderable, n'eſtant que de ſimples aſſociations de Marchands mélés de Catholiques & d'Huguenots. Nos Peres d'Aquitaine ne negligerent pas les occaſions qui ſe preſentoient: ces Meſſieurs demandoient trois Preſtres & un Frere, avec promeſſe de les entretenir autant de temps que dureroit leur ſocieté. Ils y allerent donc & s'y établirent par maniere de Miſſion ſedentaire. Il y avoit quatre ans que ces Peres cultivoient cette vigne du Seigneur avec beaucoup de ſuccés en 1623. dont ils ont donné une ample Relation au Public à laquelle je ne veux rien ajoûter. le R. P. Sebastien y travailloit depuis trois ans, lors qu'en 1623. nous apprîmes à Quebec la nouvelle de sa mort par deux Sauvages : ce bon Religieux estoit parti de Miscou pour se rendre à la riviere de Saint Jean, où estoit établie la Mission principale des Recollets de sa Province. Il fut accablé de miseres, & de fatigues en traversant les bois, & cette grande étenduë de païs qu'il y a entre Miscou & le Port-Royal : en sorte qu'il y mourut de faim, aprés avoir saintement exercé le Ministere Apostolique pour la conversion des Infideles: comme il avoit rendu visite à nos Peres de Quebec avec lesquels il avoit hyverné, nos Religieux qui le consideroient par estime

& par affection, comme un membre de nostre Mission, luy rendirent au Convent de Nostre-Dame des Anges les suffrages accoutumez.

Par le retour des vaisseaux de l'année precedente le Pere Commissaire & les Religieux avoient donné en France tous les avis necessaires, sur l'état & la necessité de toutes les Missions, principalement au Pere George le Baillif leur agent & Procureur en France, lequel se servoit de l'entrée qu'il avoit à la Cour pour avancer la gloire de Dieu dans nos Missions & avoit obtenu durant l'hyver en 1623. des Lettres Patentes du Roy dans les formes, scelées & enregistrées premierement pour nostre terrain & Convent de Nostre-Dame des Anges, y comprit deux cens arpens de terre, depuis la riviere de Saint Charles jusqu'au haut de la Montagne du côté de Nostre-Dame de Foi, & l'endroit qu'on appelle aujourd'huy la Pointe aux Lievres du côté de Quebec : afin de favoriser l'éducation des enfans des Sauvages dans le Seminaire, & former leurs parents qui residoient à la portée du Convent, à la culture des terres. Il avoit aussi obtenu les donations du terrain suffisant pour les Missions des trois rivieres de Tadoussac, & des Hurons par l'authorité du Roy, ajoûtée en confirmation de celle de Messieurs de la Compagnie afin de rendre s'il se pouvoit ces établissemens perpetuels pour la gloire de Dieu.

Ce bon Pere qui n'oublioit

tien de ce qui pouvoit estre convenable, menagea encore par le moyen de ses amis plusieurs Ornemens d'Eglise, & autres secours necessaires : Monsieur le Nonce même voulut bien y prendre part ; mais sur tout la Reine Mere Anne d'Autriche laquelle entre autres presens, donna une Chapelle complete, dont le Calice d'argent doré, marqué aux armes de Sa Majesté, se conserve encore aujourd'huy dans nostre Convent de Nostre-Dame des Anges, comme un monument sacré de la pieté de cette grande Princesse.

Comme le Pere George avoit une pleine connoissance de la Mission, les Superieurs luy laisserent le choix des sujets propres à y passer l'année presente 1623. On sçavoit par experience, que ne s'agissant presque

que d'humaniser les Sauvages & les disposer à la lumiere de l'Evangile, les Freres Lays non-seulement n'y estoient pas inutiles, mais y servoient beaucoup & pouvoient estre associez aux Ministeres Apostoliques. C'est pourquoy on y destina le Frere Gabriel Sagar. Le Pere Nicolas Viel qui faisoit de grandes instances depuis trois ans pour y aller, en reçût à Montargis la permission: ils se preparerent à leur départ, & aprés avoir pris la benediction de Monsieur le Nonce & des Superieurs Ils partirent de Paris le 18. de Mars, 1623. & s'embarquerent à Dieppe au commencement d'Avril: leur voyage n'eut aucun malheureux rencontre, ainsi ils arriverent à Quebec le 55. jour de leur navigation.

Ce renfort de Missionnaire vint assez à propos, à l'occasion de l'ambassade que Monsieur de Champlain vouloit envoyer aux Hurons, parcequ'on apprehendoit que leur zele pour les François ne se rallentit & qu'ils ne fissent alliance avec nos ennemis. Le Pere Joseph avoit obtenu d'y retourner pour visiter cette Eglise naissante qui luy devoit son premier établissement. Le Pere Nicolas & le Frere Gabriel tous pleins de feu & de charité firent de grandes instances pour y estre envoyé avec luy, ce qu'on ne peut leur refuser. Ils s'embarquerent donc dans la chalouppe des Messieurs de la Compagnie jusqu'aux trois rivieres où nostre Missionnaire les y reçût avec joye, & les conduisit aux cabannes des Sauvages, où l'on faisoit la priere. Deux jours aprés ils poursuivirent leur route dans les Canots preparez à cet effet. Monsieur de Champlain leur donna onze François qui estoit un nombre considerable dans ces commencemens pour y soûtenir & deffendre les Hurons. Nos Peres emmenoient deux donnez avec eux, le reste estoit des Sauvages de nos voisins, dressez aux armes à feu, qui estoient déja mediocrement instruits, & dont on estoit bien assuré. Ils n'eurent aucunes mauvaises rencontres, & arriverent heureusement aux Hurons, où ils trouverent encore cinq à six François qui y vivoient avec ces Barbares.

Quoique les Sauvages ne fussent animez d'aucun principe de Religion: on ne peut exprimer la joye qu'ils reçûrent de revoir le Pere Joseph qui les venoit visiter avec deux de ses Freres conformement à la parole qu'il leur avoit donné en les quittant.

Il trouva encore son ancienne cabanne ou habitation, dont les François s'estoient servi en son absence sur un petit côteau au bas duquel couloit un agreable ruisseau: cette maison qu'on rétablit assez proprement avoit plus de 25. pieds de longueur, sur douze ou quinze de large, faite en forme de berceau, couverte d'écorces par le dehors & revétuë au dedans de pieces de bois, dont ils se sevirent aussi pour faire trois appartemens : le premier qui estoit du côté de la porte, leur servoit de cuisine, de dortoir & de Chambre pour recevoir & entretenir les Sauvages qui venoient se faire instruire à la priere. Le second estoit destiné pour le Refectoire où ils serroient les alimens, utenciles & les autres choses necessaires à leur usage. Et le troisiéme où estoit élevé un Autel avec des pieces de bois & de petites planches de cedre, que les Sauvages avoient fort proprement accommodez, leur servoit de Chapelle, où la Sainte Messe se disoit tous les jours pour la consolation spirituelle des François, & l'édification des Sauvages, qui aimoient nos ceremonies: ces Missionnaires recitoient en commun l'Office Divin, comme s'ils eussent esté dans un Convent Regulier, lors qu'ils se trouvoient ensemble; car ils alloient souvent en course pour rendre les differens offices de leur Ministere aux Sauvages.

La ſimplicité Religieuſe avec laquelle un de ces Miſſionnaires décrit leur maniere de vivre dans le païs de ces Barbares, n'a rien que de tres-édifiant : nous prenions, dit il, noſtre repas contre la terre ſur une natte de jonc. Un billot de bois nous ſervoit de chevet pendant la nuit, & nos manteaux de couverture, au defaut de celles que nous avions donné par charité aux Sauvages qui eſtoient malades. La terre ou nos genoüils nous ſervoient de table, non pas comme les Sauvages qui ſont aſſis contre terre comme des Singes, car nous nous placions ſur des buches qui eſtoient nos ſieges ordinaires. Nous n'avions point d'autres ſervietes pour eſſüyer les mains, que les feüilles de bled d'Inde. Nous avions bien quelques coûteaux, mais ils ne nous estoient aucunement necessaires pendant les repas, n'ayant pas de pain à couper ; la viande d'ailleurs nous estoit si rare, que nous avons passé souvent des six semaines, & des deux mois entiers sans en manger un seul morceau, sinon quelque petite portion de chien, d'Ours ou de Renard qu'on nous donnoit dans les festins, à la reserve du temps de Pâque & de l'Automne que les François nous donnoient abondamment de leur chasse.

Nos viandes ordinaires estoient de même que celles de nos Sauvages, c'est-à-dire de la Sagamite fait à l'eau avec de la farine de bled d'Inde, des citroüilles & des pois, où nous mettions pour y donner quelque goût, de la marjolaine, du pourpier, & d'une certaine espece de baume, avec des petits oignons sauvages que nous trouvions dans les bois, & dans la campagne : nôtre boisson étoit l'eau de ruisseau, qui couloit au pied de nôtre maison, & si dans le temps, que les arbres étoient en seve quelqu'un de nous se trouvoit indisposé, ou ressentoit quelque debilité de cœur, nous faisions une fente dans l'écorce d'un erable qui distilloit une eau sucrée, qu'on amassoit avec un plat d'écorce, & qu'on beuvoit comme un remede souverain quoi qu'à la verité, les effets n'en fussẽt pas bien cõsiderables

Au deffaut de vin, que nous avions apporté de Quebec dans un petit baril de douze pots ; nous en fimes d'autre, des raisins sauvages qui fut tres-bon: nous le mismes dans nôtre petit baril, & dans deux autres bouteilles, que nous avions à nôtre usage: un mortier de bois, & une des servietes de nôtre Chapelle, nous servirent de pressoir. La cuve, fut un sçeau d'écorce, qui ne pouvant contenir tout nôtre vin à cause de sa petitesse, nous obligea pour n'en point perdre ce qui nous en restoit de surplus, d'en faire du resiné, qui ne fut guere moins bon, que celuy qu'on fait en France, & dont nous nous regalions aux jours de Fêtes, & à la bien venuë des François, qui venoient traiter avec les Sauvages.

La chandelle, dont nous nous servions, n'étoit que des petits cornets d'écorce de bouleau, qui étoient de fort peu de durée, & nous étions obligés d'écrire, & de lire à la clareté du feu, pendant les nuits de l'hiver, qui nous étoient extremement incommodes.

Quoyque la terre, qui étoit prés de nôtre maison, fut sterile & sablonneuse, nous accommodames cependant un petit jardin fermé de bonnes palissades, pour en ôter le libre accés aux enfans des Sauvages; les pois, les herbes, & ce que nous y avions semé de graines de toutes sortes de legumes, y profiterent assés bien: nous en eussions eu sans doute une grande abondance, si la terre eut esté bien labourée, ayant esté obligés de nous servir d'une vieille hache au lieu de bêche, & d'un bâton pointu, pour tous les instrumens de nôtre agriculture.

Le Pere Nicolas, en écrit à peu prés en mêmes termes au

Pere Commissaire à Quebec, ajoutant, que tout ce qui les consoloit dans un genre de vie si penible, c'estoit l'esperance de voir un jour la Foi de Jesus-Christ plantée dans toutes ces vastes Provinces, par les benedictions que Dieu donneroit à leurs travaux : que ces peuples leur faisoient paroître quelque desir, de se faire instruire de nos mysteres, se rendoient attentifs, & fort assidus à la priere ; quoy qu'on n'y remarquoit pas encore assez d'ouverture d'esprit, pour entrer dans les verités de la Religion, & que même les uns, les autres, ne venoient à l'Instruction, que par un esprit interressé, & pour tirer de nos Religieux, des couteaux, rassades, & autres choses semblables.

Ils

Ils passerent ainsi l'hyver, quoy qu'avec peu de progrés pour la conversion de ces Barbares; mais ils gagnerent quelques familles, qu'ils trouvoient mieux disposée, plus dociles, & plus traitables pour les faire descendre à Quebec, & s'abituer avec les François, ou se cabaner dans nôtre terrain: ils ne bâtiserent que deux Adultes, le pere & la fille dont ils paroissoient plus assuré. Comme il avoit esté resolu, qu'on n'abandonneroit point cette Mission; mais qu'au contraire on y feroit un établissement principal, d'où les Religieux se repandroient chez les nations voisines. On preparoit seulement cette Vigne du Seigneur, dont les Peres Joseph & Gabriël Sagar, laisserent le soin au Pere Nicolas aprés dix mois de residence : ils avoient perfectioné le Dictionnaire de la Langue Hurone, & comme il se presenta une grosse flotte de canots, le Pere Nicolas fut destiné pour surveiller à cette petite Eglise avec les François, qui y restoient : les deux autres, descendirent à Quebec.

Le Pere Joseph avoit eû la principale part dans cette petite ambassade, que Monsieur de Champlain avoit envoyé vers ces nations desquelles il avoit obtenu, tout ce qu'il en pouvoit esperer ; ensorte qu'au printemps 1624. soixante canots chargés de Castors, & autres pelleteries, & deux cens Sauvages ; se trouverent prets à partir, ils tarderent neanmoins jusques au mois de Juin, pour attendre le Pere Joseph, qu'ils vouloient absolument avoir avec eux, comme celuy dans lequel ils mettoient toute leur confiance auprés des François; aussi sa presence étoit-elle necessaire à Quebec, pour y faire un fidel rapport de l'état de ces Missions, & resoudre avec nos Peres, ce qui seroit le plus expedient pour la gloire de Dieu & le salut de ces peuples. Le rendés-vous general pour la traite étoit aux trois rivieres, où Monsieur de Champlain avoit aussi invité les Iroquois pour y envoyer leurs deputés, ils s'y trouverent au nombre de 25, canots chargés de pelleterie. Le Pere Joseph sur les avis de M. de Champlain, avoit envoyé deux François aux Nipissiniens, & aux autres nations voisines, pour menager des deputations dans les formes ; ces Sauvages descendirent en même temps, que les Hurons, & les Iroquois au nombre de 13. canots.

On n'avoit jamais vû jusqu'alors, un concours de tant de nations differentes: cependant il n'y eût point de trouble, par les ordres que donna Monsieur de Champlain: il y avoit des interpretes pour chacune : on fit toutes les ceremonies ordinaires, de la chaudiere de paix, des presens, des festins, & des danses, de la part de ces nations, ausquels les François repondirent de même. Enfin la paix tant desirée fut concluë entre les Iroquois, les François, les Hurons, & nos autres alliés.

On ne pouvoit souhaitter rien de plus avantageux pour l'établissement de la Foi, que cette tranquillité du païs & cette paix generale entre ces nations differentes ; aussi nos Peres paroissoient revivre & reprendre de nouvelles esperances ; ils commencerent de donner de plus grandes étenduës à leur dessein, & à se promettre quelque succés, s'ils étoient assés heureux pour obtenir un grand nombre d'ouvriers Evangeliques, afin d'annoncer l'Evangile., le Pere Joseph descendit à Quebec avec ses petites conquestes, qui consistoient en quelques familles Huronnes, nos autres Missionnaires en avoient aussi gagné plusieurs ; ensorte que les environs de Quebec étoient peuplés de Sauvages de diverses contrées, qu'on tâchoit de former de son mieux à la Françoise.

J'ay cru que le lecteur seroit

bien aise de voir icy un portrait naturel de la disposition generale des Sauvages, tel que je l'ay trouvé dans les fragmens des Memoires, que le Superieur de la Mission envoya en France au Reverend Pere Provincial l'année presente mil six cens vingt-quatre.

Fragmens des Memoires du Pere Ioseph le Caron addreßez en France, touchant le genie, l'humeur, les superstitions, les bonnes & mauvaises dispositions des Sauvages.

MON PERE,

Comme vous estes curieux des choses naturelles de ce païs, & encore plus de ce qui concerne la conversion des ames, & que vous me demandez quelque recit de l'un & de l'autre: j'ay crû qu'il ne falloit pas méler le sacré avec le prophane, & que j'estois obligé de separer les deux sujets en deux réponses differentes.

Je ne vous satisferai pas beaucoup par le grand nombre de conversions des ames. On en fait peu de veritables parmy nos Sauvages : le temps de la grace n'est pas encore arrivé, quoyqu'on n'épargne rien pour les disposer à la Foi : il faut esperer qu'à mesure que la Colonie se peuplera, nous humaniserons les Barbares ; ce qui est premierement necessaire, leur esprit s'ouvrira & le bon sens dont ils ont le fonds : on les policera par les loix & les manieres de vivre à la Françoise, afin de les rendre capables d'entendre raison sur des Mysteres si élevez. Car tout ce qui regarde la vie humaine & civile, sont des Mysteres pour nos Barbares dans l'état present, & il faudra plus de dépense & plus de travaux pour les rendre hommes, qu'il n'en a fallu pour

faire

faire Chreſtiens des Peuples entiers : il ne s'enſuit pas qu'il faille abandonner l'ouvrage, bien au contraire il faut s'y attacher davantage & attendre le fruit en patience.

Il faut donc eſperer de Dieu la roſée, & la benediction de ſa grace, que tant de ſaintes ames de l'ancienne, & de la Nouvelle France avanceront peut-eſtre par leurs prieres, & cependant travailler, à lever les obſtacles qui ſe preſentent de la part de nos Sauvages, à leur converſion: nous ne laiſſons pas d'envoyer au Ciel grand nombre d'enfans, & quelques adultes moribons, que Dieu touche dans ces extremitez, & qu'on baptiſe ſans difficulté: mais pour le reſte, il y a peu de fruit à faire. Quand donc vous demandez des relations; à Dieu ne plaiſe, que pour satisfaire vostre pieté, je vous produise un nombreux Christianisme, qui ne subsiste encore que dans nos desirs, & dans la semence de la parole Evangelique qui ne germe que foiblement : Dieu ne seroit pas glorifié du mensonge & de l'imposture ; on sçait bien, que le succés de l'ouvrage dépend de luy, & non de nous : nostre Eglise ne fait encore que le petit troupeau de l'Evangile, *pusillus grex* : mais à l'égard de la multitude de ces nations barbares, vous ne serez pas surpris, que l'on avance peu, si vous estes instruit des obstacles presque invincibles, qui sont de leur part à l'Evangile: je ne vous en donneray qu'un abbregé, en ayant déja envoyé tant de Memoires en France.

Nous avons parcouru à preſent, plus de ſix cens lieuës dans les terres, & même hyverné pluſieurs années chez les principales nations. Elles ne manquent pas de bon ſens, en ce qui regarde l'intereſt public, & particulier de la nation: ils vont à leur fin; ils prennent même des meſures & des moyens aſſez juſtes, & c'eſt le ſujet de ma ſurpriſe, qu'eſtant aſſez éclairez pour leurs petites affaires, ils n'ayent rien que d'extravagant, & de ridicule, quand il s'agit, ou de dogme de Religion, ou de regle de mœurs, de loix, & de maximes. Nous avons viſité de même, huit à dix nations differentes dans le bas du Fleuve du côté de Tadouſſac, & nous avons reconnu que preſque univerſellement tous les Sauvages de la Nouvelle France ne reconnoiſſent aucune Divinité, & sont mêmes incapables des raisonnemens ordinaires, naturels & communs sur cette matiere : tant leur esprit est materiel & obscurci de tenebres: l'on entrevoit neanmoins à travers de leur aveuglement quelques sentimens confus de Divinité; les uns reconnoissent le Soleil, d'autres un genie qui domine en l'air, quelques uns regardent le Ciel comme une Divinité, d'autres un Manitou bon & mauvais : les nations du haut du Fleuve paroissent avoir un esprit universel qui domine par tout, ils s'imaginent communement qu'il y a un esprit en chaque chose, même dans celles qui sont inanimées & ils s'y addressent quelquefois pour le conjurer. Cependant ces nations ne reconnoissent aucune espece de Divinité par esprit de Religion : mais ſeulement par maniere de fable, par prevention de caprice & par enteſtement : ils n'ont même à l'exterieur aucune ceremonie de leur culte, ny Sacrifice, ny Temple, ny Preſtre, ny autre marque de Religion.

Les ſonges leur tiennent lieu de Prophetie, d'inſpiration, de loix, de commandemens & de regle dans leurs entrepriſes de guerre, de paix, de traite, de peſche, de chaſſe & même c'eſt une eſpece d'Oracle : vous diriez qu'ils ſont de la ſecte des Illuminez : cette idée leur imprime une eſpece de neceſſité, croyant que c'eſt un eſprit univerſel qui les commande, juſque là même, que s'il leur ordonne de tuer un homme, ou de commettre quelque autre mauvaiſe action, ils l'executent en même temps. Les parens songent pour leurs enfans, les Capitaines pour les Villages, ils ont aussi des gens qui interpretent leurs songes & les expliquent.

On remarque que s'il y a quelque sault difficile à passer, quelque peril à éviter ils jettent dans l'endroit même une robe de Castor, du Petun, de la pourcelaine, & d'autres choses par maniere de Sacrifice pour se concilier la bienveillance de l'esprit qui y preside.

Ils croyent communement une espece de creation du monde: disant que le Ciel, la terre & les hommes ont esté fait par une femme qui gouverne le monde avec son fils. Que ce fils est le principe de toutes les choses bonnes, & que cette femme est le principe de tout le mal : ils croyent que l'un & l'autre joüissent de tous les plaisirs. Que cette femme est tombée du Ciel enceinte, & qu'elle fut reçûë sur le dos d'une Tortuë qui la sauva du naufrage. Mais quand on leur fait la moindre objection sur le ridicule de leur pensée, ils vous répondent que cela est bon pour nous & non pas pour eux.

D'autres croyent qu'un certain qu'ils nomment Atahauta est le Createur du monde, & qu'un nommé Messou en est le reparateur aprés le déluge, falsifiant ainsi & confondant par leur tradition, la connoissance que leurs Ancestres ont eu du déluge universel : ils disent que comme le Messou alloit un jour à la chasse, ses chiens se perdirent dans un grand Lac, lequel se débordant, couvrit toute la terre en peu de temps; & ne fit de tout le monde qu'une abîme : que ce Messou par le moyen de quelques animaux amassa un peu de terre, de laquelle il se servit pour reparer le monde. Comme ils croyent que les François habitent un monde different du leur, lors que nous voulons les desabuser de leur folie en leur annonçant la veritable creation & reparation ; ils disent que cela pourroit bien estre veritable, du monde que nous habitons, mais non pas du leur. Ils demandent même bien souvent s'il y a un Soleil, & une Lune dans l'Europe, comme dans leur païs.

Il est déplorable de voir de combien de chimeres le Demon embroüille leur esprit : quoiqu'ils estiment toutes les ames corporelles, n'entendant par leur Manitou qu'une eſpece de reſſort materiel qui donne l'être & le mouvement à toutes choſes; ils ſont cependant Profeſſion de croire l'immortalité de l'ame & une vie future, où l'on joüit de tous les plaiſirs, où on y trouve même une chaſſe & une peſche abondante, du bled d'Inde & du Petun en quantité, avec mille belles autres choſes curieuſes & neceſſaires. Ils tiennent que l'ame n'abandonne pas le corps auſſi-toſt aprés la mort, c'eſt pourquoy on enterre avec le corps, arc, fleche, bled d'Inde, viande & Sagamite pour la nourrir en attendant. Comme ils donnent des ames à toutes les choſes ſenſibles, ils eſtiment que les hommes aprés la mort chaſſent les ames des Caſtors, Elans, Renards outardes, Loups Marins,

& que l'ame des Raquettes leur servent à se retirer des neiges, & l'ame des fleches & des arcs à tuer les bestes. Il en va de même de la pesche des poissons: en sorte que ces morts n'ont pas besoin des armes qu'on enterre avec eux, que pour faire le voyage de l'autre vie. Ils s'imaginent qu'elles se promenent invisiblement dans les Villages durant un temps, & qu'elles participent à leurs festins & regales dont ils laissent toûjours leur portion: jusque là que plusieurs de ces nations ont certaines Festes generales des morts, accompagnées de chansons & de cris horribles, de festins à tout manger, de danses & des presens de differentes sortes: ils tirent le corps du village & les ossemens qu'ils appellent des paquets d'ames, & les changent d'un tombeau en un autre, orné de peaux, de Rassades, colliers & autres semblables richesses du païs, croyant que tout cela sert à rendre ces morts plus heureux. Je ne m'arreste pas icy à déduire la superstition de leur croyance sur ce sujet, les lieux differens où ils croyent que les ames ont leur retraite, la qualité de leurs employs, leur maniere de vie, leur guerre, leur paix, leur Police, & leurs loix sont autant de traditions extravagantes & ridicules fondées sur des fables que les peres ont accredité, & fait passer à leurs enfans qui y sont fortement attachez.

Il n'y a point de nation qui n'ait ses Jongleurs que quelques-uns traittent de sorciers; mais il y a peu d'apparence qu'il y ait dans leur fait aucun pacte effectif, ou communication avec le diable, lequel neanmoins domine dans leur tromperie & imposture, dont il se sert pour amuser ces Peuples & les éloigner d'autant plus de la connoissance du vray Dieu : car ils ont tous croyance à ces Jongleurs, quoyqu'ils leurs manquent tous les jours de parole. Ces imposteurs sont traitez de Prophetes qui predisent l'avenir de Tout-Puissant, ils se vantent de faire la pluye & le beau temps, le calme & les orages, la fecondité & la sterilité des terres, les chasses heureuses ou malheureuses ; ils servent de Medecins par l'application des remedes qui n'ont souvent aucune proprieté de guerir. Rien n'est si horrible que les cris, les bruits, les fracas, la fureur, les contorſions de ces trompeurs. Lorſqu'ils ſe mettent à jongler & à faire leur maniere d'enchantement. Ils ne laiſſent pas d'avoir de l'addreſſe : car comme ils ne gueriſſent & ne prediſent que par hazard ; ils ont une infinité de détours pour amuſer ces Barbares, lorſque l'évenement ne répond pas à leur attente, aux predictions, & aux remedes de ces pretendus Prophetes, & Medecins, qui ne font rien ſans preſens ni ſans recompenſes, il eſt vray que ſi ces Jongleurs ne ſont adroits à s'acrediter, & à trouver leurs défaites à propos ; quand la perſonne vient à mourir ou que les entrepriſes n'ont pas le ſuccés qu'ils deſirent, on execute quelquefois ſur le champ le

Jongleur sans d'autre formalité.

Ces pauvres aveugles professent de même une infinité d'autres superstitions dont les Demons les entretiennent : ils croyent que bien des sortes d'animaux ont des ames raisonnables : ils ont une manie de ne pas prophaner certains os d'Elans, de Castors & augres bestes ni de les faire manger à leurs chiens : mais on les conserve precieusement, ou bien on les jette dans un Fleuve : ils pretendent que les ames de ces animaux viennent voir de quelle maniere on traite leurs corps, & en vont donner avis aux bestes vivantes & à celles qui sont mortes; en sorte que si on vient à les maltraiter, les bestes de la même espece ne voudroient plus se laisser prendre ni dans ce monde ni dans l'autre.

Il semble que leurs pechez ayent repandu dans leurs ames un aveuglement & une insensibilité pour toutes sortes de Religions, que les Historiens ne remarquent point dans tous les autres peuples du monde. Car parmy une infinité de superstitions, on ne voit rien à quoy ils s'attachent par principe de Religion: ce n'est qu'une fantaisie toute pure: quand on les pousse un peu sur leurs rêveries, ils ne répondent rien; leur esprit demeure comme stupide & hebeté: si on les presse sur nos Mysteres, ils écoutent cela avec autant d'indifference, que s'ils vous racontoient leurs chimeres; j'en vois plusieurs qui semblent se rendre à cette verité qu'il y a un principe qui a tout fait : mais cela ne fait qu'effleurer leur esprit, qui retombe au même moment dans l'assoupissement & dans sa premiere insensibilité.

De là vient que communement ils ne se soucient pas d'estre instruits : ils ne viennent & ne s'attachent à nous que par fantaisie & par inclination naturelle, ou par l'accüeil, & les flatteries qu'on leur fait par les secours que nous rendons à leurs malades, ou par interest de recevoir quelque chose de nous, enfin par ce que nous sommes François, & qu'ils ont alliance avec nous contre leurs ennemis : on leur apprend les Prieres & & ils les recitent comme des chansons sans aucun discernement de Foi, & ceux là même qu'on qu'on a long-temps cathechisé, à la reserve d'un trespetit nombre sont fort chancelans ; pour peu qu'ils retournent dans les bois.

Je ne sçais si leurs Ancestres ont connu quelque Divinité, mais il est vray que leur Langue assez naturelle pour toute autre chose, est tellement sterile en ce point, qu'on n'y trouve point de termes pour exprimer la Divinité ni aucuns de nos Mysteres, non pas même les plus communs : c'est un de nos plus grands embaras.

Un des grands obstacles à leur conversion, c'est que la pluspart ont plusieurs femmes, & qu'ils en changent quand ils leur plaist, ne comprenant pas qu'on puisse s'assujetir à l'indissolubilité du Mariage : Vois tu pas bien, nous disent-ils que tu n'as pas d'esprit : ma femme ne s'accommode pas de moy, & je ne m'accommode pas d'elle ; elle s'accordera bien avec un tel qui ne s'accorde pas avec sa femme, pourquoy donc veux tu que nous soyons quatre malheureux le reste de nos jours.

Un autre empeschement que vous pouvez conjecturer de ce que j'ay dit, est l'opinion où ils sont qu'on ne doit contredire personne, & qu'il faut laisser chacun dans sa pensée. Ils croiront tout ce que vous voudrez ; ou du moins ils ne vous contrediront pas, & ils vous laissent aussi croire tout ce que vous voulez. C'est une insensibilité & une indifferen-ce profonde, sur tout en matiere de Religion, dont ils ne se mettent pas en peine.

Il ne faut pas venir icy dans l'esperance de souffrir le Martyre, si nous prenons le Martyre dans la rigueur de la Theologie: car nous ne sommes pas dans un païs où les Sauvages font mourir les Chrestiens pour fait de Religion : ils laissent chacun dans sa croyance: ils aiment même ce qu'il y a d'exterieur dans nos ceremonies, & cette barbarie ne fait la guerre que pour les interests de la nation, ils ne tuent les gens que pour des querelles particulieres, ou par yvrognerie, ou par brutalité, par vengeance, par un songe, ou une vision extravagante. Et ils sont incapables de le faire en haine de la Foi.

Tout est brutal dans leurs inclinations, ils sont naturellement gourmands, ne connoissant point d'autre beatitude dans la vie, que de boire & de manger. On remarque cette brutalité jusques dans leurs jeux & leurs divertissemens qui sont toûjours precedez & suivis de festins. Il y a des festins d'adieu, de remerciment, de guerre, de paix, de mort, de santé & de Mariage. Ils passent dans leurs regales les jours & les nuits, principalement quand ils font des festins qu'ils appellent à tout manger, car on ne permet point de sortir que l'on n'ait tout avallé.

L'opposition est grande au Christianisme du côté de la vengeance quoy qu'ils ayent beaucoup de douceur, à l'égard de leur nation, mais ils sont cruels & vindicatifs au de là de l'imagination envers leurs ennemis : ils ſont naturellement inconſtants, moqueurs, mediſans, impudiques, enfin parmy une infinité de vices, où ils ſont abſorbez : on ne remarque aucun principe de Religion, ni de vertu morale ou payenne, ce qui eſt un grand éloignement à leur converſion.

Il faudroit pour les convertir les familiariſer & les habituer parmy nous. Et c'eſt ce qu'on ne peut faire ſi-toſt, à moins que la Colonie ne ſoit multipliée, & répanduë par tout, encore quand ils ont paſſé un mois avec nous il faut qu'ils aillent en guerre, à la chaſſe, ou à la peſche pour trouver de quoy vivre; & cela les débauche étrangement, il faudra donc les fixer, & les porter à défricher & à cultiver les terres, à travailler de differens métiers, comme les François, aprés cela peu à peu on les civilisera entre eux & avec nous.

Les autres nations d'en haut paroissent plus disposées que celles du bas : Je vous parle plus amplement dans mon autre Lettre, du plan & de la disposition naturelle de tous ces Peuples. Comme ce bon Pere fait aussi un abbregé des mœurs & des manieres des Gaspesiens & des Sauvages de l'Acadie. Le Lecteur pourra satisfaire sa curiosité dans la nouvelle Relation que j'ay fait de la Gaspesie, où j'en traite fort au long. Nous avons, continue nostre Missionnaire, attiré icy quelques Iroquois. J'estime quoy qu'on dise de la cruauté & de la fierté de cette nation, qu'ils ont plus d'esprit, de raisonnement & de Politique que les autres, & par consequent plus capables de concevoir nos verités : nôtre Seminaire seroit d'une grande ressource, si on avoit les moiens de fournir à tout : mais vû la pauvreté du païs, nous ne sçaurions y nourrir qu'un petit nombre de Sauvages : le reste de nôtre Eglise, est repandu aux environs parmy les François, & les Sauvages, & quelques-uns sont dans les bois, avec trois de nos PP. & un F. ce seroit toujours beaucoup, de gagner quelques ames à Dieu, nous attendons le reste de sa grace.

Nous avons depuis ce temps là fait une grande solemnité, où tous les habitans se sont trouvés, & plusieurs Sauvages, par un vœu que nous avons fait à saint Joseph, que nous avons choisis pour le Patron du païs, & protecteur de cette Eglise naissante : vous l'êtes Monsieur de nôtre maison par vos soins, & par vos liberalités. Nous envoyons en France le Pere Irenée, qui vous communiquera nos petits desseins, afin d'établir plus solidement le Royaume de Jesus-Christ dans ce nouveau monde, par des nouveaux ouvriers Evangeliques avec lesquels nous puissions travailler à la vigne du Seigneur : Souvenés-vous de moy dans vos sacrifices, & me croyés tout à vous.

Nos Missionnaires qui étoient alors à Quebec, aprés avoir invoqué pendant quelques jours, la lumiere du saint Esprit, pour concerter ce qui seroit de plus convenable à l'établissement & à la propagation de la Foi dans ces païs

qui

qui étoient confiés à leur conduite, portant la veuë sur ce grand nombre de nations differentes, & voyans que la Colonie commençoit à se former jugerent que la moisson étoit trop ample pour un si petit nombre d'ouvriers, & que Messieurs de la Compagnie croyoient avoir fait un grand effort de fournir annuellement à la subsistance de six Recollets, que pour le reste il falloit comter sur la providence, que leurs gratifications étoient foibles, pour l'établissement des Missions, que ce seroit bien assés pour nous, soutenus des petits secours, & aumônes de France, d'entretenir les cinq Missions, qui promettoient quelque succés, & qu'enfin si on trouvoit quelque Communauté Religieuse, qui voulut à ses frais sacrifier à ce nouveau monde un nombre de Missionnaires, l'on pourroit en esperer quelque avantage.

A cet effet nos Peres n'hesiterent point : n'ayant pour partage que la droiture, la simplicité, la gloire du Seigneur, & un desir sincere sans émulation de la procurer dans la conversion de ces peuples, ils convinrent tous de deputer quelqu'un d'entre-eux en France, pour en faire la proposition aux Reverends Peres Jesuites, qu'ils jugerent les plus propres, pour établir, & amplifier la Foi de concert avec nous dans le Canada.

Ce projet ne laissoit pas d'avoir ses difficultés : on apprenoit que le Pere George le Ballif Procureur de la Mission en France, en avoit déja donné quelque attaque à Messieurs les associés : nos Peres en avoient fait la tentative à Quebec auprés des Commis : même de Monsieur de Caën. Mais ils temoignerent tous, n'y vouloir point entendre non plus que les habitans du païs, qui n'avoient pas des veuës si étenduës, si épurées, ny si desinteressées que nos Missionnaires. Les sentimens de Monsieur de Champlain qu'on avoit sondé là dessus, sembloient assés équivoques : sibien qu'il fut arrêté dans nôtre assemblée, qu'on tiendroit cette resolution secrette, afin d'en menager plus seurement le succés en France auprés du Roy, avec les Reverends Peres Jesuites ; supposé qu'ils y donnassent leur consentement:

ſibien que le Chapitre deputa le Pere Irenée Piat, pour paſſer en France, afin de negocier cette affaire, que la Miſſion prenoit à cœur.

Monſieur de Champlain, aprés avoir donné la paix à tout le païs, reſolut de paſſer en France par les premiers Vaiſſeaux, il diſpoſa toutes ſes affaires pour le premier embarquement : le Pere Irenée reçût toutes ſes inſtructions, il eût même la conſolation avant ſon depart, de voir partir deux de nos Peres, l'un pour Tadouſſac, l'autre pour les trois Rivieres, avec le Frere Charles Langoiſſeux, un Canot François, venant des Hurons, luy rendit des Lettres du Pere Nicolas, qui temoignoit une grande perseverance, & demandoit par grace de vivre & de mourir dans sa Mission : mais ce qui combla de joye nos Religieux, & tous les François de cette Colonie naissante, ce fut l'heureuse arrivée de trois illustres Missionnaires Recollets de la Province d'Aquitaine, qui s'étant embarqués dans les Navires de Messieurs de la Compagnie, qui negocioient à la Cadie, vinrent en Canot à Quebec par la Riviere du Loup avec deux François & cinq Sauvages, deux jours avant le depart des Vaisseaux : il y avoit déja un mois qu'ils étoient partis de la Mission qu'ils avoient à la riviere de saint Jean selon les ordres qu'ils avoiẽt reçûs de leur Provincial, en France, & ils voulurent bien se consacrer eux-mêmes, aux travaux Apostoliques de la nôtre, & travailler de concert avec nos Peres, à convertir les infideles de ce nouveau monde. Le Pere Jacques de la Foyer, demanda d'aller hyverner aux Nepisiriniens, & il y fut avec le Frere Bonavanture Recollet de la Province de saint Denis : les deux autres, sçavoir les Peres Loüis Fontiner, & Jacques Cardon ; resterent dans nôtre Convent de Nôtre-Dame des Anges & travaillerent fructueusement au salut des nations circonvoisines : enfin la petite flotte leva l'anchre, il est vray qu'elle fut jettée par la tempête dans la baye de Gachpé ; où il falut faire quelque sejour ; mais le vent étant devenu favorable, on fit route heureusement, & on arriva en France: Monsieur de Champlain ayant amené avec luy Madame son épouse.

CHAPITRE IX.

Les Recollets de la Province de Paris sollicitent en France la Mission des Reverends Peres Iesuites pour le Canada. Ils l'obtiennent aprés avoir surmonté les obstacles, qui s'y presentoient. Les Reverends Peres Iesuites passent en Canada pour la premiere fois, en 1625.

LE Pere Irenée ne perdit point de temps, & quoi que dans une saison qui commençoit d'être facheuse, aprés avoir pris deux jours de repos à Dieppe, il partit pour Paris où il arriva heureusement remit ses commissions & ses papiers entre les mains des Superieurs, lesquels il instruisit amplement de l'état de nos Missions; exposa entr'autres choses, la necessité où étoit le païs, d'un plus grand nombre de Missionnaires: qu'à la verité les trois Recollets d'Aquitaine, qui étoient arrivés heureusemẽt au secours de nos Missions avant son depart de Quebec, nous pouvoient faciliter de nouvelles decouvertes: mais enfin que la moisson étoit trop grande, & qu'il falloit jetter les yeux sur quelque Ordre Religieux, pour travailler avec nous à la conversion de ce nouveau monde. Il presenta à cet effet, la tres-humble remontrance, que le Chapitre de Quebec, faisoit au Reverend Pere Provincial, & à son definitoire, pour attirer les Peres Jesuites à leur secours, si on le jugeoit à propos, afin de cultiver cette vigne du Seigneur.

Le Reverend Pere Provincial, à qui seul privativement à tout autre, la Mission étoit soûmise, en qualité de Prefet, pour y envoyer, qui bon luy sembleroit, en vertu du Bref Apostolique, dont il a été fait mention; assembla peu de temps aprés, son definitoire, à l'occasion des affaires du Canada, dont celle-là fut la principale: le Pere George y fut appellé avec le Pere Irenée.

Il est vray que plusieurs personnes du dehors, s'étant desfiés de ce projet, avoient tâché d'en detourner nos Peres, par rapport même à leurs propres interests, nous remontrans que nous avions tout sujet de craindre, que cette parole de l'Evangile, ne se verifiât à nôtre prejudice, *Et erunt novissimi primi:* Si mesme on ne nous excluoit dans la suitte entierement de ces Missions.

D'autres personnes, nous en éloignoient encore par des retours sur leurs propres interests : toutes leurs raisons, furent meurement pesées, de part & d'autre : mais la charité dissipa tous les nuages. L'estime singuliere qu'on doit avec justice à ce corps illustre, & l'union tres étroite, que les Recollets ont toujours entretenus, & soutiennent encore aujourd'huy par tout, avec les

Reverends Peres Jesuites : cette fidelle, & cordiale intelligence, l'emporta par dessus toutes ces considerations. L'assemblée deputa le Pere Irenée, pour en faire la proposition, au Reverend Pere Provincial des Jesuites, qui étoit alors le Pere Noirot : il s'en aquita fidellement : la proposition fut agréée avec joye, & toutes les promesses de reconnoissance, & d'union, de la part des Jesuites.

Il ne restoit plus, que de la faire agréer en Cour : Monsieur de Montmorancy, n'étoit plus Vice-Roy du Canada ; il en avoit cedé le titre, & la charge à Monsieur de Ventadour son neveu, le Pere George, accompagné du Pere Irenée luy communiqua leur projet, auquel ce seigneur voyant les parties d'accord, ne fit aucune difficulté d'y donner les mains; il s'engagea de prier le Roy de l'appuyer de son authorité Royalle, & même de solliciter Messieurs de la Compagnie, qui s'en éloignoient beaucoup. Les Reverends Peres Jesuites n'y parurent point: Monsieur de Ventadour, obtint le consentement de Sa Majesté, & enfin on fit entendre à Messieurs de la Compagnie, qu'ils seroient obligés d'y donner les mains, de gré, ou de force, & qu'ils devoient y consentir de bonne grace: qu'au reste on ne pretendoit pas, que ce fut à leurs frais, ny au prejudice du nombre de Recollets, qu'ils étoient obligés par leur Traité, d'entretenir dans le Canada.

Cependant, aprés que les Peres Recollets eurent ainsi évincé tous les obstacles à l'établissement des Jesuites : ces Reverends Peres trouverent le moien d'adoucir Messieurs de la Compagnie, qui leur assignerent jour pour se trouver avec les Recollets à leur Bureau, afin de consulter ensemble, ce qu'il y auroit à faire : on ne sçait pas comment, on oublia de nous avertir : les Peres Jesuites s'y trouverent seuls, au jour, & à l'heure marquée; Messieurs de la Compagnie étoient engagés au Roy par le Traité de passer, & d'entretenir en Canada six Recollets : en voicy les termes.

Lesdits de Caën, ou leurdite Societé, sera tenue de passer en Canada, & d'y nourrir six Recollets à l'ordinaire, compris les deux qui seront souvent aux decouvertures dans le païs, parmi les Sauvages faits & arrêtés entre nous soussignés 18. Novembre 1620. Signé de Caën.

Mais nonobstant ce Traité, il se trouva, que par le resultat de l'assemblée, ces Messieurs accordoient aux Jesuites, deux places de six : dont nous étions en possession par droit de temps les Rocollets instruits de ce qui étoit arrivé, eurent recours à Monsieur de Ventadour, lequel en ayant esté averti, commanda à son Secretaire d'écrire promptement de sa part, à Messieurs les Directeurs de la Compagnie, qu'il ne vouloit pas, qu'on innovât rien de tout ce qui s'étoit fait en faveur de six Recollets, soit pour la nourriture, soit pour leur embarquement, & qu'en cas de contraventìon, il revoquoit absolument, le consentement qu'il avoit donné aux Peres Jesuites, de passer en Canada.

Le Reverend Pere Noyrot Provincial des Jesuites de Paris, designa les Peres Charles Lallemand, Enemond Massé, Jean Brebeuf, Coadjuteurs spirituels : & les Freres Gilbert Buret, & François Charton Coadjuteurs temporels ; pour commencer la Mission de la Compagnie de Jesus en Canada. Le Reverend Pere Provincial des Recollets de la Province de Paris, designa de sa part le Pere Joseph de la Roche-d'Allion, de la maison des Comtes du Lud, Religieux Recollet de la Province de Saint Denis, aussi illustre par sa vertu, & par son zele, que par sa

naissance.

naissance. Il y avoit encore du temps jusqu'à l'embarquement, ainsi les uns & les autres eurent le loisir de se preparer pour le voyage.

Parmi les jeunes Sauvages, que nos Peres avoient amené cy-devant en France. Il y en avoit un appellé Ahinsistan, qui avoit fait beaucoup de progrés dans le Christianisme, dans l'usage du monde, & la maniere de vivre des François, dont il avoit si bien appris la Langue, qu'il avoit oublié la Canadienne : Monsieur le Prince de Guimené, luy fit l'honneur de le tenir sur les Fonds, où il fut nommé Pierre Antoine. Son illustre parain, avoit bien voulu l'entretenir aux études depuis cinq ans, où il s'étoit fort avancé dans la Langue Latine, & dans plusieurs connoissances naturelles, & civiles : nous en avions trois autres, qu'on avoit distribué à nos Convents, de Paris, de Roüen, & de Saint Germain, où on les élevoit à la pieté, & au service des Autels, leur apprennant même la Langue Latine : ces jeunes plantes, donnoient aux plus sensés quelques esperances de former les Canadiens avec le temps : car on y remarquoit de la docilité, de la vivacité, & une conception assés aisée, aprés les huit, ou dix premiers mois de sejour en France : il y en avoit un, entr'autres, qui avoit si bien appris à écrire, que nous avons des Relations du païs, & des Lettres instructives de nos Peres, écrites de sa main. Comme Pierre Antoine étoit plus avancé, ayant fait cinq années de sejour en France, d'où il ne vouloit point sortir, le Pere George & le Pere Joseph jugerent à propos de luy persuader de faire un voyage en son païs: comme il estoit traitable & docile il se rendit à leur instance par un pur motif de la gloire de Dieu. Car il estoit Chrestien & devot à faire confusion à bien des gens qui se piquent de pieté.

La flotte pour le Canada se disposoit à mettre à la voile. Monsieur de Caën s'en estoit reservé la conduite, en sorte que les Peres Jesuites & le Pere Joseph de la Roche Dallion s'estant embarquez, on mit à la voile. La navigation n'eut rien de particulier, sinon qu'elle fut & plus prompte & plus heureuse que les precedentes : ils arriverent à Quebec, où ils furent reçûs avec la joye universelle des François, & des Sauvages.

L'on peut remarquer icy que Monsieur l'Abbé de la Roque n'a pas écrit sur des Memoires fidels, quand il place seulement les premiers travaux Apostoliques des Jesuites dans le Canada en 1637. & 1638. puisque tout le monde sçait, & que tant de Relations & d'Histoires du païs rendent témoignage qu'ils y furent conduits par nos Peres & que ces cinq Missionnaires de la Compagnie de Jesus y moüillerent l'ancre en l'année 1625. Les Recollets y ayant déja travaillé l'espace de dix années au premier établissement de la Foi.

Les plus hautes & les plus saintes entreprises pour la gloire de Dieu, sont ordinairement les plus contrariées : on auroit crû que les Peres Jesuites ayant bien voulu se sacrifier au païs, & commencer leur Mission par un nombre aussi considerable de bons sujets ; ils y auroient esté reçûs avec toute la reconnoissance possible, & même avec agrément ; mais bien loin de cela, il ne se trouva personne ny des chefs, ny des habitans qui n'y temoigna de la repugnance : tous refuserent unanimement de les recevoir s'ils ne voyoient des ordres absolus & un commandement du Roy pour leur établissement : ils ne trouverent même personne qui les voulut loger. Car comme on s'estoit contenté de tirer purement un consentement verbal de Sa Majesté, on n'avoit pas trouvé lieu d'obtenir des lettres authentiques pour l'établissement de ces Reverends Peres. Si bien que l'entreprise alloit échoüer : ils estoient sur le point de repasser en France par les mêmes navires, & d'abandonner entierement leur dessein, lorsque nos Peres aprés bien des allées & des venuës, obtinrent enfin de Monsieur le General & des Habitans, qu'on trouveroit bon que les P P. Jesuites fussent logez chez nous pour ne faire qu'un esprit & qu'un corps de Missionnaires, sans estre à charge au païs, jusqu'à ce qu'il plût au Roy d'en ordonner autrement. Cet accommodement estant fait, le P. Commissaire & ses Religieux partirent avec la chalouppe du Convent, pour aller à bord faire honneur aux RR. PP. Jesuites & les conduire chez nous avec toute la joye qu'on peut juger. Nos Religieux voyans leurs souhaits accomplis par l'arrivée de ces Peres, *le Te Deum* fut chanté en action de grace, & on leur fit du reste tout l'acüeil que l'état du païs & la sainte pauvreté pouvoit permettre. On leur offrit, & ils agréerent à leur choix, la moitié de nostre Convent, du Jardin & de nostre Enclos deffriché où ils demeurerent ensuite l'espace de 2. ans, vivans & travaillans avec nos Peres en parfaite intelligence, pendant que leurs affaires s'accommoderoient & s'avanceroient du côté de France & dans le païs, pour un parfait établissement: à quoy sans doute ne servit pas peu la deputation que nos Peres firent en France, principalement pour ce sujet, du Pere Joseph le Caron qui y revint l'année suivante, triomphant

& glorieux d'avoir obtenu une partie de sa negociation, & de ce que nous souhaitions sur ce sujet. Aussi le Public sera bien aise & en même temps edifié de voir que les R.R.P.P. Jesuites n'en furent pas mêconnoissans: entre'autres témoignages qu'on en pourroit donner, voicy la copie de deux lettres du Reverend Pere Lallemant, premier Superieur des Jesuites du Canada, écrites en France à Monsieur de Champlain, & au Reverend Pere Provincial des Recollets de la Province de Saint Denis.

MONSIEUR,

Nous voicy graces à Dieu dans le ressort de vostre Lieutenance, où nous sommes heureusement arrivez

rivez, aprés avoir eu une des belles traversées qu'on ait encore experimenté. Monsieur le General aprés nous avoir declaré qu'il luy estoit impossible de nous loger dans l'habitation, ou dans le Fort, & qu'il faudroit ou repasser en France, ou nous retirer chez les Peres Recollets, nous a contraint d'accepter ce dernier offre. Ces Peres nous ont reçû avec tant de charité, qu'ils nous ont obligez pour un jamais. Nostre Seigneur sera leur recompense. L'un de nos Peres estoit allé à la traite en intention de passer aux Hurons & aux Iroquois avec le Pere Recollet qui est venu de France, selon qu'ils aviseroient avec le Pere Nicolas qui se devoit trouver à la traite & conferer avec eux: mais il est arrivé que le pauvre Pere Nicolas Recollet s'est noyé au dernier Sault *ce qui a esté cause qu'ils sont retournez n'ayant ny connoissance ny Langue, ny informatiou. Nous attendons donc vostre venuë pour resoudre ce qui sera à propos de faire. Vous sçaurez tout ce que vous pourrez desirer de ce pays du Reverend Pere Joseph. C'est pourquoy je me contente de vous asseurer, que je suis Monsieur, vostre tres-affectionné Serviteur Charles Lallemant. De Quebec ce 28. Juillet 1625.*

Voicy la copie de celle qu'il écrit au R. P. Provincial des Recollers de Paris.

MON R. PERE,

Pax Christi.

Ce seroit estre par trop méconnoissant de ne point écrire à vostre

Reverence, pour la remercier de tant de lettres qui furent dernierement écrites en nostre faveur aux Peres qui sont icy en la Nouvelle France, comme de la charité que nous avons receuë des Peres qui nous ont obligez pour un jamais. Je supplie nostre bon Dieu qu'il soit la recompense des uns & des autres. Pour mon particulier, j'écris à nos Superieurs que j'en ay un tel ressentiment, que l'occasion ne se presentera point que je ne le fasse paroistre; & les supplie quoyque d'ailleurs tres affectionnez de temoigner à tout vostre Saint Ordre les mêmes ressentimens. Le Pere Joseph dira à vostre Reverence le sujet de son voyage pour le bon succés duquel nous ne cesserons d'offrir Prieres & Sacrifices à Dieu. Il faut à cette fois avancer à bon escient les affaires de nostre Maistre, & ne rien obmettre de ce qu'on pourra s'aviser estre necessaire. J'en ay écrit à tous ceux que j'ay crû y pouvoir contribuer, qui je m'assure s'y emploiront si les affaires de France le permettent. Je ne doute point que vostre Reverence ne s'y porte avec affection, & ainsi vis unita fera beaucoup d'effet. En attendant le succés, je me recommande aux saints Sacrifices de vostre Reverence, de laquelle je suis tres-humble Serviteur Charles Lallemant. De Quebec ce 28. Juillet 1625.

CHAPITRE IX.

Meurtre commis par les Sauvages ſur le P. Nicolas Recollet Miſſionnaire des Hurons. Tentatives inutiles des Recollets & des Ieſuites pour aller à la Miſſion dudit Pere. Deputation du Pere Ioſeph le Caron en France. Hyvernement des Recollets & des Ieſuites à Quebec avec pluſieurs reflexions hiſtoriques ſur le premier établiſſement de la Foi.

L'Egliſe de Canada fortifiée par ces nouveaux ouvriers Evangeliques pleins de lumiere & de ferveur pour son établissement, auroit reçû des acroissemens considerables, si le temps de la grace fut arrivé pour ces Peuples ensevelis dans les tenebres & dans un horrible endurcissement.

L'union, l'amitié, le desinteressement, la gloire de Dieu, la conversion des Sauvages & la propagation de la Foi, faisoient l'ame de ces hommes Apostoliques, & quoyqu'ils fussent d'un different Institût. Il paroist par toute leur conduite qu'ils ont conservé toûjours un même esprit, n'entreprenant rien que de concert, sur tout dans ces premiers temps, faisant un cœur, une ame & pour ainsi dire une même Mission.

Aprés que les Reverends Peres Jesuites se furent reposez

& reconnu dans nostre Maison: les uns & les autres arresterent ensemble de monter aux Hurons pour avancer cette Mission qui sembloit promettre quelque chose: le Pere Brebeuf Jesuite & le Pere Joseph de la Roche Dallion Recollet furent destinez pour ces Missions, & partirent incessamment pour les trois rivieres par les Barques de Messieurs de la Compagnie qui y alloient en traite. Ils y furent reçeus charitablement par nostre Missionnaire qui y residoit & qui prit part à la joye commune de nos Peres pour l'arrivée de ces nouveaux Apostres. On trouva plusieurs chefs des Hurons qui leur faciliterent les moyens de poursuivre leur route, & les conduisirent avec leur petit équipage dans leur païs & jusqu'à la residence même des Recollets : nos traiteurs donnerent des Rassades, coûteaux, chaudieres, & autres commoditez à ces Barbares pour assurer le voyage & défrayer nos Missionnaires.

Ils se disposoient à partir, lorsqu'un bruit commença à se repandre de la mort du P. Nicolas Viel Recollet. Ce bon Religieux qui estoit monté aux Hurons deux ans auparavant avec le Pere Joseph le Caron, & le Frere Gabriel Sagar qui y étoit demeuré tout ce temps avec quelques François qui se relevoient allans & revenans à Quebec, avoit esté prié par les Hurons de descendre avec eux à la traite : il se servit de cette occasion pour venir faire sa retraite dans nostre Convent de Nostre-Dame des Anges, &

prit méme un de ſes diſciples le petit Ahautſic qu'il avoit inſtruit à la Foi & baptiſé.

Il y avoit dans la troupe une multitude d'Hurons aſſez honneſtes, parmy leſquels il ſe trouva quelques brutaux, ennemis de la Religion, faiſans neanmoins ſemblant d'aimer & de reſpecter ce bon Pere. Un gros temps écarta les Canots, & malheureuſement ce Religieux ſe trouva dans le ſien avec trois Sauvages ſcelerats & impies qui le precipiterent dans l'eau avec ſon petit diſciple Ahautſic au dernier Sault en deſcendant à Mont-Royal, dont les eaux rapides & profondes les ſubmergerent dans un moment. On ne ſauva que ſa Chapelle & quelques écrits qu'il avoit fait dans des cahiers de papiers d'écorce, comprenant un espece de journal des Mission : il avoit laissé son Dictionnaire & les autres Memoires aux Hurons entre les mains des François ; l'endroit où ce bon Religieux fut noyé est encore aujourd'huy appellé le Sault au Recollet.

Si on peut reconnoistre pour Martyre ceux qui meurent dans les travaux Apostoliques ou par la cruauté des Sauvages de ces contrées, qui n'ont que peu ou point de lumiere d'aucune Divinité vraye ou fausse: On reconnoistroit à bon droit le Pere Nicolas & son petit disciple pour les deux premiers Martyrs du Canada , estant d'ailleurs un tres-grand Religieux qui aprés avoir vécu en odeur de sainteté, n'estoit passé en Canada que par un zele brûlant du Martyre. On ne peut exprimer les travaux & les peines qu'il avoit soûtenu dans sa Mission, selon le rapport des François dignes de Foi. Il y avoit fait beaucoup de fruit, & enfin on sçeut par les Hurons mêmes assemblez à la traite, la maniere cruelle dont il avoit esté mis à mort avec son Neophite que Dieu avoit reçû dans sa gloire comme les premices de la Mission des Hurons. Ceux-cy avoient dissipé les Ornemens, à l'exception du Calice, on en recüeillit les lambeaux dont ils s'estoient déja fait des affiquets à leur mode: mais enfin les Peres Brebeuf & Joseph de la Roche Dallion, ayans appris cette triste avanture estimerent que ce seroit une temerité à eux de se confier à ces Barbares dans un voyage d'une si longue traite.

Si bien que par l'avis de ce qui se trouva là de François des plus sensez & même de quelques Hurons bien intentionnez qui ne repondoient pas de leurs Confreres : ils prirent la resolution de descendre à Quebec, remettant la partie à une autre année. Leur arrivée apprit & répandit bien-tost la nouvelle de la mort tragique du Pere Nicolas, qui fut regreté universellement des François, des Sauvages, & même des Huguenots, qui estoient penetrez de son merite & de son talent. On luy rendit les devoirs & les suffrages ordinaires, & on fit son Service avec beaucoup de solemnité, quoyque chacun fut persuadé que Dieu l'avoit déja mis en possession de sa gloire.

Les Navires se preparoient

à partir : nos Peres avec les Jesuites eurent plusieurs Conferences, sur ce qu'il y avoit à faire, pour le bien du païs. Il fut arrêté, que le Pere Joseph le Caron passeroit en France, avec les instructions necessaires : le progrés des Missions étoit principalement adressé au Roy, dont il avoit l'honneur d'être connu, ayant même eû l'avantage d'enseigner à sa Majesté, les premiers élemens de la Foi. On mit à la voile à la fin d'Aoust 1625. L'arrivée de ce bon Religieux en France, fut heureuse aussi-bien que son retour l'année suivante en Canada.

Cependant, nos Peres étant partagés dans les Missions principales, à l'exception de celle des Hurons. Ceux qui restoient à Quebec, passerent l'hyver avec les Jesuites ; rendans tous les secours necessaires aux François, & aux Sauvages.

Je suis surpris, qu'un Historien, attribuë au Pere le Jeune, Jesuite, le premier Dictionnaire de la Langue des Montagnais, vû que ce Missionnaire, selon cette Relation, n'est passé en Canada qu'en 1632. j'en ay vû un autre, qui dit à peu prés la même chose du Dictionnaire de la Langue Huronne, & Algomquine, il est toutefois constant, que pendant les dix années que les Recollets avoient estés les seuls Missionnaires du Canada, ils s'étoient repandus par tout, dans les Missions sedentaires, & les plus éloignées de chaque nation : mais particulierement dans celle de Quebec, où ils avoient attirés plusieurs Cabanes des Nations Huronnes, Montagnaises, & Algomquinnes de la Langue desquels ils avoient formés & perfectionnés des Dictionnaires, dont j'en ay vû même plusieurs fragmens, qui nous sont resté de la main de nos anciens Peres.

Le Dictionnaire de la Langue Huronne fut ébauché par le Pere Joseph le Caron, en 1616. le petit Huron qu'il amena avec luy lorsqu'il retourna à Quebec, ayda beaucoup à l'avancer. Le même y ajouta des regles & des principes dans le deuziéme voyage qu'il fit aux Hurons, ensuite il l'augmenta par les Memoires, que luy envoya le Pere Nicolas, & le perfectionna enfin sur celuy que les François ausquels ce saint Religieux l'avoit laissé avant sa mort en descendant à Quebec, luy remirent entre les mains : enſorte que le Pere George Procureur de la Miſſion en France, le preſenta au Roy avec les deux Dictionnaires ébauchés des deux Langues Algomquine, & Montagnaiſe dés l'année 1625. Il eſt vray, que comme nos Peres s'étoient toujours éloignés du commerce, juſqu'à en ſauver les moindres apparences ; Meſſieurs de la Compagnie ſe ſervoient ſouvent de truchement dans leur traite : mais tous ces truchemens n'avoient aucune connoiſſance des Langues, qu'ils ne ſçavoient que par routine, de même qu'on voit encore aujourd'huy des ſimples païſans, qui aprés huit ou dix mois de ſejour dans ce païs Sauvage ; entendent, & parlent aſſés bien la Langue.

C'eſt

C'eſt une choſe imaginaire de dire, que ces truchemens étoient aux gages de Meſſieurs de la Compagnie, puiſqu'au contraire les François qui ſçavoient un peu la Langue, s'empreſſoient de ſervir de truchemens, afin d'entrer eux-mêmes de part dans la traite : car pour tous les autres commerces, qu'on avoit avec les Nations Sauvages, pour la paix, ou pour la guere, auſſi-bien que pour l'établiſſement de la Foi, on ne ſe ſervoit point d'autres truchemens que des Recollets ; ſi-bien que ce que nous voyons écrit de contraire, eſt purement artificieux, & imaginaire.

L'application de nos Peres durant le preſent hyver depuis le depart des Navires, fut de communiquer aux Reverends

Peres Jesuites, non seulement toutes les connoissances, & les lumieres qu'ils avoient du païs; mais encore leurs Dictionnaires, dont on fit une reveuë tres-exacte, pour servir de preparatif aux projets, qu'ils formoient ensemble pour la conqueste des ames: on ne doute pas, que ces Reverends Peres qui sont fort habiles dans l'instruction des Langues, n'ayent depuis beaucoup contribué à mettre la derniere main aux Dictionnaires, qu'ils ont dressez sur nos Memoires, & sur de plus amples connoissances: mais on doit cette justice à nos premiers travaux, à la simplicité chrétienne, à la candeur de nos Peres, à la sincerité de leur intention, & à leur grande charité, qui n'eut, & n'a rien encor de secret pour ces illustres

Missionnaires.

Ainsi se passa l'hyver fort agreablement entre les uns & les autres ; quoyque dans une vie assés souffrante & laborieuse : on travailloit de concert à l'édification des François, à l'instruction des Sauvages, qui venoient chés nous, & des enfans qui étoient à nôtre Seminaire : il n'y eut rien autre chose de particulier concernant l'établissement de la Foi.

Il est cependant à propos de faire une observation sur les remarques d'un Historien Latin, lorsqu'il dit en sa Preface, que les Recollets empêchés par les Heretiques, n'avoient fait rien pour la Religion, qu'à l'égard des Habitans François, depuis 1615. jusqu'en 1625. par où il commence son Histoire : que les Reverends Peres Jesuites y établirent la Religion, qui branloit beaucoup, & l'étendirent au long, & au large du Fleuve de saint Laurent.

Je n'entreprends pas de refuter cette epocque du premier établissement de la Foi en la Nouvelle France dans toute son etenduë. On pourroit en imposer, si nous en estions éloignez de plusieurs siecles ; mais tout ce qu'il y a de gens qui connoissent un peu le païs, & les Habitans qui y sont aujourd'huy, dont la plus grande partie sont descendus des François qui commençoient à peupler en 1625 en connoissent tout le fond, & se rescrient hautement contre cette fausseté : il est vray qu'il se trouvoit quelques heretiques, parmy les

Messieurs de l'anciéne Compagnie; mais on ſçait que s'ils ont traversé le passage des François en Canada, ils s'estoient engagez au Roy par traité d'envoyer certain nombre de Missionnaires Recollets pour la decouverte, & pour la Mission des Sauvages par tout ce païs, il passoit à la verité un nombre d'Hugenots, qui ſejournoient en Canada ; & M. de Caën même vouloit obliger les François Catholiques d'assister aux prieres des Heretiques ; mais outre que ce ne fut qu'en 1626. que les RR. PP. Jesuites y estoient aussi bien que nous, on n'en executa rien. M. de Caën qui estoit Calviniste, fut rappellé. Un chef Catholique, fut substitué en sa place, par la sollicitation du P. Joseph le Caron. D'ailleurs cela ne regardoit pas l'établissement de la Foi parmi les Sauvages, dont il est question. Plût à Dieu que depuis ce temps 1625. jusques aujourd'huy à mesure que la Colonie s'est accruë & que le nombre des Missionnaires a augmenté, tout le monde eut également concouru à la conversion des Barbares, comme le petit nombre d'habitans & de familles Françoises qui estoient alors au païs y travailloient avec nos Peres, car quoiqu'il en soit du zele de Messieurs de la Compagnie l'on sçait que l'on suppleoit à leur defaut dans le païs & que le petit troupeau d'habitans & de Missionnaires travailloit infatigablement à humaniser, à policer & à preparer les Sauvages à nostre sainte Foi.

Lors qu'on lit ces sortes de Relations en France à des personnes, qui ne connoissent pas le Canada ; ils y ajoutent telle foy qu'il leur plaist : & il est aisé d'en faire à croire quand on vient de loing : mais pour moy qui n'ay que la ſimplicité pour partage, la verité d'un Miſſionnaire, & d'un Hiſtorien, je n'en appelle qu'au ſentiment de tout ce qu'il y a aujourd'huy de François dans la nouvelle France, qui conſiſtent peut-eſtre en quinze ou ſeize mille perſonnes, qui ont accru notablement l'Egliſe Canadienne, en multipliant l'Egliſe des François ; ils vous diront ſincerement, qu'il n'y a point preſque encore aujourd'huy de Chriſtianiſme parmi les Sauvages, à l'exception de quelques particuliers, en tres petit nombre, encore aſſez volages, & inconſtans ; qui abandonneroient volontiers leur Religion, pour un intereſt de rien, & qu'ainſi depuis 1625. on n'y reconnoiſt pas une face d'Egliſe plus veritable, & plus solide, que celle qui s'y trouvoit dans la même année, que par consequent, ou il y avoit alors une Eglise commencée parmi ces Barbares dans les Missions, que les Recollets entretenoient, où il n'y en a point aujourd'huy. Peut-estre a t'on avancé quelque chose à humaniser ces Barbares plus qu'ils n'étoient; mais tout le païs sçait qu'ils n'en sont pas plus Chrétiens, comme toutefois ils seroient selon toutes les apparences, si Dieu avoit permis qu'on eût marché sur les traces qu'on avoit frayé alors, qui estoient d'entretenir une paix solide avec les nations, de les attirer, & de les mêler avec les François, pour les rendre hommes policés, plus dociles, & plus traitables.

Quant à ce qu'on dit, qu'en

1625. la Religion y branloit fort ; il y en avoit donc une établie.

Il est vray, que parmy les Sauvages elle subsistoit comme aujourd'huy en tres-peu de sujets, & si ceux-là estoient chanchelans dans leur Foi, ceux de nos jours ne le sont pas moins : mais enfin, on pourroit repondre de ce petit nombre, qu'on failoit passer en France depuis 1615. & de quelque-uns qui estoient au Seminaire, & que les François du païs avoient adopté; au lieu qu'apresent, on n'en voit plus qui vivent parmy les Europeans François, mais seulement dans des Villages voisins, separez du commerce, vivans à la maniere des Sauvages, incompatibles avec un veritable Christianisme, ne donnant aucune marque de Religion, que de chants d'Hymnes, & de Prieres, ou quelques ceremonies exterieures & fort équivoques.

Le Pere Joseph le Caron, negocioit en France de son mieux pour faire entrer le Roy, & les personnes de consideration, & de pieté dans les interests de nos Missions, & des Peres Jesuites. Il alla voir le Reverend Pere Provincial de la Compagnie de Jesus; luy rendit les Lettres de ses Religieux, dont il estoit chargé, & comme il estoit instruit du païs par un sejour de dix années, ayant penetré depuis le haut du Fleuve, jusqu'au bas: il en fit un fort ample détail; ensorte que ces Reverends Peres prirent la Mission à cœur, & se resolurent d'y envoyer de nouveaux secours.

La veuë de nos Peres dans ce projet estoit de procurer au Canada l'établissement d'une Compagnie, non-seulement sçavante, & éclairée pour l'accroissement, & la propagation de la Foy: mais encore puissante pour soutenir l'ouvrage commun par leur credit pour y attirer grand nombre d'Habitans, faire defricher les terres, & gagner la vie aux François, & aux Sauvages, secourir les uns, & les autres temporelement, & avancer la Colonie par des établissemens considerables; ce que ne pouvoient faire les Recollets, eû égard à leur estat, n'ayant pour partage, que la parole Apostolique: c'est ce que le Pere Joseph le Caron representoit fortement, aux Peres de la Compagnie de Jesus.

Les Peres Noirot, & de la Nouë, avec Frere Jean Gaufestre Jesuites furent destinez pour le Canada, ils embarquerent & firent passer avec eux dans un Vaisseau de quatre-vingt tonneaux, qu'ils freterent exprés, vingt ouvriers de métiers, & tout ce qui leur estoit necessaire pour hyverner, & s'établir dans ce nouveau monde.

Le Roy estoit alors occupé aux affaires de la guerre: & on n'entendoit pas volontiers en Cour aux depenses necessaires, pour les païs éloignez: cependant Sa Majesté ne laissa pas d'ordonner en faveur du Pere Joseph, plusieurs secours pour l'instruction de nôtre Seminaire, & pour les nouveaux convertis, mais tout cela estoit sans effet: il falut que le Roy luy-même en fit delivrer une partie en sa presence à quelqu'un des amis du Pere.

Monsieur de Champlain, qui estoit en France pour solliciter les affaires du païs & les siennes propres ; s'estoit abouché avec le Pere Joseph, & sur ce qu'il apprit, que Monsieur de Caën General de la Flotte, durant son sejour à Québec avoit inquieté les Catholiques ; ils desirent ensemble de tres-humbles remontrances au Roy, pour qu'il accordât de nouvelles Commissions. Sa Majesté ordonna, que le sieur de Caën ne feroit pas le voyage mais qu'il nommeroit un chef Catholique selon le gré du Vice-Roy de Canada, pour y conduire les vaisseaux : Monsieur de Caën nomma le sieur de la Ralde : Monsieur de Champlain se prepara pour repasser à Quebec en sa qualité ordinaire de Gouverneur avec les Sieurs du Boulé son beaufrere, & des Touches, l'un en qualité de Lieutenant, & l'autre d'enseigne. Aprés quoy le Pere Joseph le Caron, impatient de se revoir dans nos Missions de la Nouvelle France, prit la route de Dieppe avec Frere Gervais Mohier & les Reverends Peres Jesuites: on mit à la voile & nos Missionnaires arriverent heureusement à Tadoussac, ou se faisoit alors la grande traite nôtre Missionnaire les reçût avec toute la joye possible. Ils furent témoins d'un festin solemnel, dressé à une troupe de deux cent Sauvages, & peu de temps aprés, ils pousserent jusqu'à Quebec où cette Flotte aborda heureusement.

CHAPITRE X.

Les Peres Iesuites vont faire leurs premieres Missions, où ils sont conduits par les Recollets. Plusieurs avantures arrivées, tant à l'égard de cette Mission, que des autres.

L'Arrivée heureuse des Missionnaires causa une extréme joye à toute la Mission. Les Peres Jesuites & les nostres brûloient du desir de monter aux Hurons situez dans le fonds du païs, & de visiter plusieurs autres nations circonvoisines. Le P. Joseph de la Roche Dallion avoit ménagé pendant l'hyver quelques Hurons de sa connoissance pour ce grand voyage, ausquels il crût pouvoir se confier dans leurs Canots. Comme ces Barbares n'estoient pas encore accoûtumez aux Jesuites qui avoient destinez les Peres Brebeuf & de la Noüe pour y monter avec luy, ces Sauvages refuserent de les embarquer, alleguant pour pretexte la pesanteur du Pere Brebeuf, lequel disoient-ils, estoit trop lourd, & feroit tourner le Canot. Cependant ces Reverends Peres ayant fait quelques presens à d'autres qui furent plus honnestes, on les embarqua, & firent leur route ensemble, qui fut également heureuse.

Comme le Pere Joseph de la Roche Dallion durant son hyvernement avoit appris la Langue Huronne par le moyen du Dictionnaire que le Pere

Joſeph le Caron, premier Apoſtre des Hurons luy avoit laiſſé, & qu'il s'y eſtoit exercé même à Quebec avec les Hurons qui y hyvernoient, & les François qui ſçavoient la Langue ; il eût beaucoup de facilité avec le Pere Brebeuf qui en avoit auſſi pris la teinture pour ſe démeler dans les occaſions differentes qui ſe rencontrerent dans le cours de la route. Ces Miſſionnaires travaillerent enſemble aux Hurons , où le Reverend Pere Nicolas Viel avoit paſſé deux années entieres, le Pere Joſeph le Caron deux ans en deux voyages, & le Pere Guillaume Poulain quelque temps. On reconnût ce qu'on y avoit établi & avancé pour la gloire de Dieu. On tâcha de le ſoûtenir & de le pourſuivre. Le Pere Joſeph laissa les deux Peres Jesuites dans nostre habitation, & poussa jusques à la nation des Neutres, où il fit quelque progrés pendant trois mois de sejour, aprés quoy il revint aux Hurons se rejoindre aux Peres Jesuites. On se contentera de donner icy au Public la Relation en abbregé que le Pere Joseph de la Roche Dallion envoya à l'un de ses amis en France, conforme à celle que nous avons dans nostre Convent de Paris.

MONSIEUR,

Encore est-il permis quoyque éloigné de visiter ses amis par Missives qui rendent les personnes absentes presentes. Nos Sauvages s'en sont étonnez, voyant que souvent nous écrivions à nos Peres éloignez de nous & que par nos lettres ils apprenoient nos sentimens, & ce que les Sauvages avoient geré au lieu de nostre residence. Aprés avoir fait quelque sejour dans nostre Convent de Canada, & communiqué avec nos Peres & les Peres Iesuites. Ie fus porté d'une affection Religieuse à visiter les Peuples sedentaires que nous appellons Hurons, & avec moy les Reverends Peres Brebeuf & de la Nouë Iesuites y estant arrivez avec les peines que chacun peut penser, à raison des mauvais chemins. Ie reçûs lettre quelque temps aprés de nostre Reverend Pere Ioseph le Caron, par laquelle il m'encourageoit de passer outre à une nation que nous appellons Neutre, de laquelle le truchement disoit des merveilles, encouragé donc par un si bon Pere & le grand recit qu'on me faisoit de ces Peuples, je m'y acheminay & parti des Hurons à ce dessein le 18. Octobre 1626. avec un nommé Grenole & La vallée François de nation.

Passant à la nation du Petun je fis connoissance & amitié avec un Capitaine Sauvage qui est en grand credit, lequel me promit de me conduire à cette nation Neutre & fournir des Sauvages pour porter nos paquets avec le peu de provisions que nous avions car de penser vivre en ces contrées de mendicité, c'est se tromper. Ces Peuples ne donnans qu'autant qu'on les oblige, & ainsi il faut faire souvent de longues traites & passer même plusieurs nuits sans trouver autre abry que celuy des Etoiles: il executa ce qu'il nous avoit promis à nostre contentement, & ne couchâmes que cinq nuits dans les bois & le sixiéme jour nous arrivâmes au premier Village où nous fûmes fort bien reçûs graces à nostre Seigneur, & à quatre autres Villages ensuite, qui à l'envi les uns des autres, nous apportoient à manger, les uns du Cerf, les autres des citroüilles, de la Neinthaouy & de ce qu'ils avoient de meilleur, s'étonnans tous de me voir vétu de la sorte, & que je ne souhaitois rien du leur, sinon que je les conviois à lever les yeux au Ciel, faire le signe de la Croix & recevoir la Foi de JESUS-CHRIST. Ce qui les ravissoit en admiration, estoit de me voir retirer à certaines heures du jour pour prier Dieu & vacquer à mon interieur.

Enfin nous arrivâmes au sixiéme Village où l'on m'avoit conseillé de demeurer. J'y fis tenir un Conseil, vous remarquerez s'il vous plaist en passant, qu'ils appellent Conseil toutes leurs assemblées, lesquelles ils tiennent toutes les fois qu'il plaist aux Capitaines, ils y sont assis contre terre dans une cabanne ou en pleine Campagne avec un silence profond pendant que le chef harangue, & sont inviolables observateurs de ce qu'ils ont une fois conclu & arresté.

Là je leur dis autant bien que je le pouvois que j'estois venu de la part des François pour faire alliance & amitié avec eux, & pour les inviter de venir à la traite, que je les supplois aussi de me permettre de demeurer dans leur pays pour les instruire en la Loy de nostre Dieu qui est le seul moyen d'aller au Ciel. Ils accepterent toutes mes offres, & me témoignerent qu'elles leur estoient fort agreables, de quoy estant fort consolé, je leur fis un present du peu que j'avois, comme de petits coûteaux & autres bagatelles qu'ils estimerent de grand prix. Car en ces pays là, on ne traite point avec les Sauvages sans leur faire des presens de quoy que ce soit, & en échange, ils m'enfanterent, comme ils disent, c'est qu'ils me declarerent citoyen & enfant du pays, & me donnerent en garde (marque de grande affection) à Souharissen qui fut mon pere, & mon hoste, car selon l'âge ils ont accoûtumé de nous appeller cousin, frere, fils, oncle ou neveu & celuy-là est le Capitaine du plus grand credit & authorité qui a esté en toutes ces nations, car il n'est pas seulement Capitaine de son Village, mais de tous ceux de sa nation composée de vingt-huit tant Bourgs, Villes, que Villages faits comme ceux du pays des Hurons, puis plusieurs petits hameaux de sept à huit cabannes, bâtis en divers endroits commodes pour la pesche, pour la chasse, ou pour la culture de la terre.

Cela est sans exemple aux autres nations d'avoir un Capitaine si absolu. Il s'est acquis cet honneur & pouvoir par son courage, & pour avoir esté plusieurs fois à la guerre contre les dix-sept nations qui leur sont ennemies, & en avoir apporté des têtes de toutes, ou amené des prisonniers.

Ceux qui sont vaillans de la sorte, sont fort estimez parmy eux, & quoyqu'ils n'ayent que la massuë, l'arc & la fleche, cependant

cependant ils sont tres-belliqueux, & adroits à ces armes. Aprés tout ce bon acüeil nos François s'en estant retournez, je restay le plus content du monde, esperant d'y avancer quelque chose pour la gloire de Dieu, ou au moins d'en découvrir les moyens.

J'ay fait mon possible pour apprendre leurs mœurs & façons de vivre. Durant mon sejour je les visitois dans leurs cabannes pour les connoistre & les instruire, je les trouvois assez traitables, & souvent aux petits enfans qui sont fort éveillez tout nuds, & échevelez, je leur faisois faire le signe de la Croix, & ay remarqué qu'en tout ce pays je n'en ay point trouvé de bossus, borgnes ou contrefaits.

Trois mois durant j'eus toutes les occasions du monde de me

contenter de mes gens, Mais les Hurons ayant découvert que je parlois de les mener à la traite, firent courir par tous les Villages où il passoit de fort mauvais bruits de moy, que j'estois un grand Magicien, que j'avois empesté l'air dans leur pays, & empoisonné plusieurs, que s'ils ne m'assommoient bien-tost, je mettrois le feu dans leurs Villages, & ferois mourir tous les enfans. Enfin j'estois à leur dire un grand Atatanite, c'est leur mot pour signifier celuy qui fait les sacrileges, qu'ils ont les plus en horreur, & en passant, sçachez, qu'il y a icy force Sorciers qui se mélent de guerir les maladies par marmoteries & autres fantaisies. Enfin ces Hurons leur ont dit tant de mal de nous pour les empêcher de venir à la traite, que *les François estoient inacostables, rudes, tristes, melancholiques, gens qui ne vivent que de serpens & venin, que nous mangions le tonnerre, qu'ils s'imaginent estre une chimere nompareille faisans des comptes étranges là-dessus, que nous avons tous une queuë comme les animaux, & les femmes n'ont qu'une mammelle située au milieu du sein, qu'elles portent cinq à six enfans à la fois, & y ajoûtent mille autres sotises, pour nous faire haïr d'eux, & les empêcher de commercer avec nous, afin de traiter seuls avec ces Peuples, ce qui leur est de tres grand profit.*

En effet ces bonnes gens qui sont fort faciles à persuader, me prirent en grand soupçon. Si-tost qu'il y avoit un malade, ils me venoient demander s'il n'estoit pas vray que je l'eusse empoisonné, & qu'on me tueroit assurement si je ne le guerissois, j'avois bien de la peine à m'excuser, & me deffendre. Enfin dix hommes du dernier Village appellé Oüarorononon, à une journeé des Iroquois, leurs parens & amis venant traiter à nostre Village, me vinrent visiter & me convierent de leur rendre le reciproque en leur Village : je leur promis de n'y pas manquer, lorsque les neiges seroient cessées & de leur donner à tous quelques petits presens, de quoy ils se montrerent contens, là dessus ils sortirent de la cabanne où je logeois, couvans toûjours leurs mauvais desseins sur moy, voyant qu'il se faisoit tard, me revinrent trouver, & brusquement me firent une querelle d'Allemand. L'un me renversa d'un coup de poing, & l'autre prit une hache & pensa m'en fendre la teste. Dieu luy détourna la main, porta le coup sur une barre qui estoit auprés de moy, je reçûs encore plusieurs autres mauvais traitemens, mais c'est ce que nous venons chercher en ces pays, s'appaisans un peu ils déchargerent leur colere sur le peu d'hardes qui nous restoient, ils prirent nostre écritoire, couverture, Breviaire & nostre sac, où il y avoit quelques jambettes, éguilles, alaines, & autres petites choses de pareille sorte. Et m'ayant ainsi dévalisé, ils s'en allerent toute la nuit fort joyeux de leur exploit, arrivez en leur Village, faisans reveuë sur leurs dépoüilles; & touchez peut-estre d'un repentir venu du Tres-haut, ils me renvoyerent nostre Breviaire, Cadran, écritoire, couverture, & le sac, mais tout vuide.

A leur arrivée en mon Village appellé Ounontisaston, il n'y avoit que des femmes. Les hommes estant allé à la chasse du Cerf, à leur retour ils me temoignerent estre marris du desastre qui m'estoit arrivé.

Le bruit courut incontinent aux Hurons que j'avois esté tué, dont les bons Peres Brebeuf & de la Noüe qui y estoient restez, m'envoyerent promptement Grenole, pour en sçavoir la verité, avec ordre que si j'estois encore en vie, de me ramener, à quoy me convioit aussi la lettre qu'ils m'avoient écrite, je ne voulus leur contradire, puisque tel estoit leur avis, & celuy de tous les François, qui apprehenhendoient plus de disgrace en ma mort que de profit, ainsi je m'en revins au païs de nos Hurons, où je suis à present, tous admirans les divins effets du Ciel.

Le pays de cette nation Neutre est incomparablement plus grand plus beau & meilleur qu'aucun autre de tous ces pays. Il y a un nombre incroyable de Cerfs, & grande abondance d'Orignais, ou Elans, Castors, Chats Sauvages, & des Ecureuils noirs, plus grands que ceux de France, grande quantité d'Outardes, Coqs d'Indes, Gruës & autres animaux qui y sont tout l'hyver qui n'est pas long, ny rigoureux comme en Canada, & n'y avoit tombé encore aucunes neiges le 22. de Novembre, lesquelles ne furent tout au plus que de deux pieds de haut, & commencerent à se fondre dés le 26. Janvier; le huitiéme

Mars, il n'y en avoit plus du tout aux lieux découverts, mais bien en restoit-il un peu dans le bas. Le sejour y est assez recreatif & commode : les rivieres fournissent quantité de poissons & tres-bons: la terre donne de bons bleds, plusque pour la necessité. Il y a des citroüilles, faives, & autres legumes à foison, & de tres-bonne huile qu'ils appellent Atouronton, tellement que je ne doute point qu'on devroit plûtost s'y habituer qu'ailleurs, & sans doute avec un plus long sejour, il y auroit esperance d'y avancer la gloire de Dieu, ce qu'on doit plus rechercher qu'autre chose, & leur conversion est plus à esperer pour la Foi, que non pas celle des Hurons. Leur vrai métier est la chasse & la guerre, hors de là sont des grands paresseux, que vous voyez comme les

gueux

en France, quand ils sont saouls, couchez sur le ventre au Soleil. Leur vie comme celle des Hurons est fort impudique, & leurs coûtumes & mœurs sont tout de même, le langage est different neanmoins, mais ils s'entendent comme font les Montagnais.

On dit qu'il nous vient deux nouveaux Peres de France, nommez le Pere Daniel Boursier & le Pere François de Binville qu'on nous avoit promis l'année passée. Si cela est je vous prie pour surcroît de toutes les peines que vous prenez pour moy, de me faire seurement tenir un habit qu'on m'envoye. C'est tout ce que je demande, les pauvres Religieux de Saint François ayant le vivre & le vêtir, c'est tout leur partage en terre, nous esperons le Ciel de la bonté de Dieu, pour lequel servir tres-volontiers pour le salut de ces Peuples aveugles, nous engageons nostre vie, afin qu'il luy plaise s'il l'agrée de nostre soin faire germer le Christianisme en ces contrées. Dieu permet le Martyre à ceux qui le meritent. Je suis marry de n'estre point en état, & n'ignore pas neanmoins que pour estre reconnu vray enfant de Dieu, il faut s'exposer pour ses freres. Viennent donc hardiment les peines & les travaux, toutes les difficultez & la mort même me seront agreables, la grace de Dieu estant avec moy, laquelle je mandie par le moyen des Prieres de tous nos bons amis de par de-là, desquels je suis & à vous Monsieur tres-humble Serviteur en nostre Seigneur Ioseph de la Roche Dallion, fait à Tonachin Village des Hurons ce 18. Iuillet 1627.

Pendant que ces choses se passoient parmy les nations éloignées, durant les années 1626. & 1627. les Missionnaires des deux Instituts continuoient leurs travaux dans le bas du Fleuve, nos Recollets alloient même à une petite Mission formée au Cap de tourment à sept lieuës au dessous de Quebec, où l'on avoit construit un Fort avancé pour la deffense du païs, non seulement contre les Sauvages, mais principalement contre les ennemis de l'Europe.

Il arriva à Quebec deux circonstances remarquables à l'égard de deux jeunes Sauvages. L'un estoit Pierre Antoine, filleul de Monsieur le Prince de Guimenée que le Pere Joseph avoit amené de France. Il hyverna dans nostre Seminaire de Nostre-Dame des Anges, mais comme il avoit perdu toutes les idées de sa Langue naturelle, & de la maniere de vivre des Sauvages. Il estoit naturalisé François & fort devot. Il se retiroit du commerce du petit nombre de Sauvages qui se presentoient. Nos Peres jugerent à propos de l'envoyer faire quelque sejour dans son païs, afin qu'en reprenant sa Langue, il pût y annoncer le Royaume de Dieu avec les Missionnaires. Il y témoigna long-temps ses repugnances, priant le Pere Superieur les larmes aux yeux de l'en vouloir dispenser, comment mon Pere, luy disoit-il, vostre Reverence voudroit-elle bien me renvoyer parmy ces bestes, qui ne connoissent point Dieu, mais le Pere Superieur le combla de raiſon de grace, luy diſant que c'eſtoit pour leur faire connoiſtre Dieu, aider & contribuer au ſalut de ſes parens, & de ceux de ſa nation. On le fortifia en luy donnant les regles de ſa conduite, & on peut dire qu'il a rendu de grands ſervices à la Miſſion ſous la conduite & la direction de nos Peres.

La memoire du Reverend Pere Nicolas Viel eſtoit en ſinguliere veneration parmy les Hurons, lorſqu'il en partit pour le voyage auquel il fut mis à mort. Un chef de famille qui s'eſtoit attaché à luy, avoit promis de deſcendre & de luy amener ſon fils. Il tint ſa parole, & vint à Quebec la même année 1626, où il conduiſit ſon fils pour eſtre inſtruit dans noſtre Convent, il y fut reçeu;

& élevé avec beaucoup de soin durant quelque temps par le Pere Superieur. Cet enfant se distinguoit particulierement entre tous ceux du Seminaire. Il estoit âgé de 16. ans, bien fait, avoit de l'esprit, témoignoit de la docilité, aimable & nullement volage comme les autres, en sorte que les navires estant sur le point de leur départ pour France, plusieurs personnes furent jalouses de ce garçon. Il nous appartenoit sans difficulté comme la conqueste du Pere Nicolas, & d'ailleurs son pere l'avoit remis entre les mains du Pere Joseph le Caron. Cependant les Reverends Peres Jesuites le vouloient avoir, & le Sieur Emeric de Caën nous le demandoit. Enfin comme le Pere Noyrot passoit en France, le Pere Ioseph luy ceda ce jeune Neophite, Cela ne se pouvoit faire sans le consentement du pere du jeune Huron, lequel usa de souplesse. Le Pere Joseph le prioit pour les Jesuites, & il ne vouloit pas le desobliger ; il avoit aussi ses ménagemens à prendre auprés du Sieur de Caën à cause de la traite, il le promit également à tous les deux, & reçût de même leur present, en sorte neanmoins qu'il demeura toûjours en dépost entre les mains du Pere Joseph jusqu'au depart des navires, que le Sieur de Caën pretendit qu'il estoit de son droit. Il l'embarqua en effet & le conduisit à Roüen. Les Peres Jesuites le retirerent de ses mains par l'authorité de Monsieur de Vantadour, & s'en firent ensuite honneur avec grand éclat. Monsieur l'Archevesque luy administrant le Baptême solemnellement dans l'Eglise Cathedrale de Roüen, où Monsieur de Longueville & Madame de Villehars le tinrent sur les fonds. Il fut nommé Loüis de sainte Foi parmy un concours infini de Peuple, le bruit s'estant repandu qu'il estoit le fils du Roy de Canada, quoyque dans la verité, il ne fut issu que d'un miserable Sauvage.

CHAPITRE XI.

Les Reverends Peres Iesuites sont traversez de nouveau dans leur établissement. Avanture tragique de la flote de Canada. Accidens fâcheux arrivez à la Colonie.

NOus avons parlé, quoy qu'en passant d'un voyage que le Reverend Pere Noyrot Jesuite preparoit en France, il l'executa l'année 1626. & repassa dans le meme vaisseau, par lequel il estoit allé en Canada à dessein d'y procurer un établissement plus solide, de ménager des secours plus abondans pour le païs, où le plus souvent tout y manquoit, & enfin pour se plaindre du Sieur

Emeric de Caën, & du Sieur de la Ralde qui traversoient beaucoup les Peres de sa Compagnie, & inquietoient méme les habitans Catholiques : il s'estoit abouché avec le Reverend Pere George le Baillif Procureur des Recollets du Canada pour soûtenir les interests des Missions que le zele de la gloire de Dieu, & la charité rendoit commun. Les Sieurs de Caën & de la Ralde firent aussi le voyage la méme année.

On ne dit rien des negociations de ces deux Religieux en France jusqu'à leur retour, ne se trouvant point de circonstances considerables. Le Pere George ménagea des petits secours pour l'entretien du Seminaire & des Missions. Le Pere Noyrot dont l'établissement en Canada n'estoit pas encore commencé (les Reverends Peres Jesuites nous faisant la grace de continuer leur demeure dans nostre Convent) eut besoin de plus grands efforts. Il disposa un navire muni de toutes les choses necessaires, mais les Sieurs de Caën & de la Ralde en prirent ombrage, & d'ailleurs ayant eu avis que les Peres avoient formè quelques plaintes sur leur conduite, ces Marchands firent si bien, qu'on arresta ce qui estoit pour le compte des Iesuites, quoyque le Pere George se fut aussi intrigué dans les mêmes plaintes, ces Messieurs cependant ne laisserent pas de recevoir dans leur bord selon qu'ils y estoient obligez par le Traité, tout ce qui estoit pour les Recollets. On y mit même encore sous leur nom quelques balots &

utenciles pour le compte des Peres Jesuites. Le Sieur de la Ralde en eut quelque ressentiment, au moins de parole, comme il le marqua à nos Peres de Canada, lorsqu'il y fut arrivé heureusement avec sa flotte, jusque-là que le Pere Joseph le Caron le priant à son retour de France, d'y passer un jeune Sauvage qu'il avoit instruit à la Foi, baptisé & nommé Loüis, il refusa de le faire.

Des Missionnaires des deux Instituts prirent une égale part au chagrin de la nouvelle qu'on eut que les intrigues du Sieur de Caën & de la Ralde avoient prévalu en France contre les Reverends Peres Jesuites; ce qui les privant du renfort qu'ils esperoient, & des secours necessaires pour la vie, & pour les bâtimens, pensa faire avorter leur entreprise dans sa naissance. I's prenoient déja la resolution de repasser en France, & si les Peres Brebeuf & de la Nouë avoient esté à Quebec, ils estoient tous disposez à quiter la partie, ayant bien connu dés lors qu'il n'y avoit pas grand fruit à faire pour la conversion des Sauvages, & qu'on leur interdisoit les moyens de s'établir & de fortifier la Colonie, mais encouragé par le Pere Joseph le Caron & nos autres Missionnaires, & animez d'ailleurs par quelques motifs secrets qui les flattoient de meilleures esperances aprés toutes ces contradictions; le Pere Lallemant Superieur resolut de laisser ses confreres, & de repasser luy seul de Jesuite avec 20. ouvriers.

Nous eumes dans ces temps

un autre chagrin. Monsieur Hebert dont nous avons parlé dés le commencement de nostre Histoire, premier habitant de la Colonie tomba malade épuisé des fatigues qu'il avoit souffertes, & aprés avoir traîné quelques jours, il rendit le tribut à la nature. Il laissa un regret universel de sa mort. On peut l'appeller l'Abraham de la Colonie, le pere des vivans, & des croyans, puisque sa posterité a esté si nombreuse comme nous l'avons dit cy-dessus, qu'elle a produit quantité d'Officiers de robe, & d'épée, de Marchands habiles pour le negoce, de tres dignes Ecclesiastiques, enfin grand nombre de bons Chrestiens, dont plusieurs même ont beaucoup souffert, & d'autres ont esté tuez des Sauvages pour les interests communs. On l'enterra solemnellement dans nostre Cimetiere, mais comme ce lieu fut renversé depuis nostre retablissement en Canada, on trouva encore ses ossemens renfermez dans un cercüeil de cedre, en 1678. le Reverend Pere Valentin le Roux alors Commissaire & Superieur de toutes nos Missions, le fit tirer de cet endroit, & transporter solemnellement dans la cave de la Chapelle de l'Eglise de nostre Convent qu'il y avoit fait bâtir ; & le corps de celuy qui avoit esté la tige des habitans du païs est le premier dont les ossemens reposent dans cette cave avec ceux de Frere Pacifique du Plessis. Madame Coüillard fille du Sieur Hebert qui vivoit encore alors s'y fit transporter & voulut estre presente à cette translation.

Quoyque les Reverends Peres Jesuites fussent un peu dégoutez de la Mission par les contradictions que nous avons dit. Ils ne laisserent pas de reprendre courage, nos Peres qui s'estoient fait une affaire de Dieu de les avoir pour associez & de procurer leur établissement de tout leur possible, voulurent bien leur en faciliter les moyens. Ils leur avoient presté une charpente toute disposée à monter pour un nouveau corps de logis d'environ 40. pieds de longueur & 28. de large, dont nous faisions état d'agrandir nostre Seminaire, & la presente année 1627. ils leur en préterent encore une autre que l'on avoit fait dresser pour augmenter nostre Convent. Ces Reverends Peres les accepterent de bon cœur dans la neces-

sité

ſité où tant de contradictions les avoient reduits, & ils s'en ſervirent pour leurs bâtimens qu'ils éleverent au-de-là de la petite riviere, à huit ou neuf cens pas de nous. Environ ces temps, il arriva un accident aſſez tragique, mais qui fut heureuſement reparé par la conduite de Monſieur de Champlain, & la converſion de quelques Sauvages.

Un certain Mahican-aticouche Montagnais de nation, tüa deux François qui dormoient ſur le bord de l'eau, enveloppez dans leurs couvertures. Ce Sauvage avoit eſté maltraité par le Boulanger de Madame Hebert & par un autre auquel il demandoit du pain, peut-eſtre avec trop d'importunité. Il les guetta & croyant que c'eſtoient ceux-là même qui dormoient au bord de l'eau, il les assomma à coups de hache, & les jetta à l'eau, Monsieur de Champlain qui revenoit du Cap-tourment, vit le premier du sang le long de la Grave, jusqu'au bord de l'eau, & ne doutant plus du malheur qui estoit arrivé, il fit chercher les deux corps morts qui furent enterrez dans nostre Chapelle de Quebec. On s'informa du meurtrier, lequel ayant pris la fuite dans les bois pour se dérober à la Justice des François, le Sieur de Champlain retint un de ses enfans en ôtage, jusqu'à ce qu'il parut à Quebec avec les autres Montagnais. Cependant ces Barbares voulans appaiser Monsieur de Champlain, & connoissans le plaisir extreme qu'il avoit de retirer des enfans des Sauvages, pour les faire élever au Christianisme, ils luy firent demander par le Pere Joseph le Caron, s'il ne vouloit pas accepter trois de leurs filles, pour les amener en France. Le Sieur de Champlain les accepta tres-volontiers, d'autant plus qu'on ne pût jamais convaincre celuy qui estoit soupçonné d'avoir fait ces deux meurtres. Il prit un soin particulier de leur éducation, & aprés les avoir fait instruire des veritez du Christianisme, il leur fit l'honneur de les tenir sur les fonds, le Pere Joseph le Caron les baptisa, & Monsieur de Champlain donna à ces trois filles les noms de Foi, d'esperance & de charité.

Quant à l'accident qui donna occasion à la rupture de la

paix entre les Iroquois nos alliez & nous. Il ne se termina pas si heureusement. Car les Iroquois nous ayant tué un François appellé Pierre Magnian avec trois Sauvages, à cause que les Algonquins avoient auparavant tué quelques Iroquois, la paix fut rompuë & la guerre se ralluma plus fort que jamais.

Ces desordres furent suivis d'un autre malheur qui reduisit le Canada à de plus grandes extremitez par la deroute & la prise de la flote qui venoit en Canada sous le commandement du Sieur de Rocmont. Les Reverends Peres Jesuites ayant repris cœur en France, y avoient embarqué deux de leurs Peres, nous y avions aussi deux Missionnaires, les Peres Daniel Boursier & François Girard

Recollets de Paris : Cette flote composée de gros vaisseaux partit de Dieppe à la my Avril 1628. elle se deffendit assez bien contre deux navires Rochelois au sortir de la Manche, jamais voyage ne fut plus traversé. Ils tomberent enfin dans la riviere de Saint Laurent, entre les mains d'une flotte Angloise. On livra le combat, mais la nostre fut vaincuë. Les Anglois s'emparerent de quantité de navires barques qui estoient en pesche, emmenerent les nostres, & mirent à terre au Cap-Breton plusieurs François & nos deux Peres dont ils ne pouvoient rien esperer. Les Anglois leur laisserent un des navires basques qu'ils avoient pris, mais quelques-uns de ceux-cy ayant échappé aux vainqueurs, trouverent le moyen de venir en chaloupe, & s'emparerent subitement de leurs vaisseaux, comme de leur bien propre. Si bien que nos Religieux & les François parmy lesquels estoit un Gentilhomme avec sa famille, un Medecin, & autres personnes furent degradez & resterent sans navires. Les Dames & sur tout la femme du Gentilhomme & ses trois filles donnerent des preuves admirables de leur vertu. Les Matelots passerent en chalouppe à l'Isle de Plaisance, & de là en France par des fregates qu'ils y rencontrerent: nos pauvres Religieux aprés bien de la constance, trouverent leur ressource dans un mechant Phlibot basque qui se presenta par hazard, & qui fut bien-tost joint de deux autres qui ne valloient gueres mieux, ayant esté abîmé dans la tourmente, dont celuy de nos Peres en échappa miraculeusement par un vœu fait à nostre Pere Saint François, mais ce fut pour tomber dans un Corsaire Turc, auquel on abandonna le vaisseau, ces pauvres passagers se sauvant dans une chalouppe, jusqu'à une terre d'Espagne qu'ils avoient apperçûs, ils arriverent à Bayonne en Galice, où ils reçûrent tous les bons traitemens de Monsieur le Gouverneur & de Madame sa femme. L'équipage prit parti ailleurs: nos Peres & le reste des François arriverent à Saint Jacques où l'Archevesque & les Cardinaux qui y estoient leur firent distribuer tout ce qui étoit necessaire pour leur sejour, & leur voyage jusqu'à la Colonie, Monsieur le Gouverneur les fit conduire avec son Brigantin jusqu'à la Ville d'Har, avec ordre de les traiter honorablement dans la maison de Ville, autant de temps qu'ils desireroient, ce qui fut executé fidellement durant les quinze jours qu'ils y sejournerent : ils y attendirent inutilement un navire qui appareilla pour France.

Il fallut aller à pied jusqu'à la Ville de Fourolle, où ils s'embarquerent dans une Pinasse, & arriverent heureusement à Bayonne en Languedoc, il seroit trop long d'exprimer toutes les peines qu'ils souffrirent en trois cens lieuës de chemin, qu'il furent obligez de faire jusques à Paris. On reçût à Quebec la nouvelle de cette triste avanture, où les habitans dépourvûs de toutes choses souffrirent les dernieres miseres.

CHAPITRE

CHAPITRE XII.

Nouveaux malheurs arrivez par la descente, & l'irruption des Anglois en 1628. La prise & la désolation du païs par les mesmes Anglois en 1629.

DIEU est admirable dans la conduite de sa Providence, il a des desseins qui nous sont impenetrables dans leurs principes, dans leurs fins, & dans leurs effets. Il sembloit que la Colonie de la Nouvelle France prenoit sa forme de jour en jour. Depuis quelques années; on avoit poussé bien avant les découvertes & la predication de l'Evangile: le commerce s'y avançoit, les François y multiplioient, on bâtissoit des Chapelles & des Oratoires en plusieurs endroits. Le païs prenoit une forme de gouvernement & de Police, lorsque Dieu permit la deroute de la Colonie, de la Catholicité, du bon reglement, des loix & du commerce avec la France.

Les Anglois favorisoient alors les Heretiques, & les rebelles de France, que Loüis le Juste soûmettoit par tout. Quelques Partisans Anglois armerent une flotte pour s'emparer du Canada en 1628. deux tourelles qui tomberent d'elles mêmes dans un temps calme au Fort de Quebec le 9. Juillet, sembloit presager le malheur de la Nouvelle France.

Les Anglois dans la rencontre prirent un navire que nous avions à l'Isle Percée, avancerent jusqu'à Tadoussac, & à la faveur d'une barque qu'ils trouverent, ils envoyerent 20. hommes pour se saisir du Cap-tourment. Deux Sauvages s'échapperent, & en donnerent avis à Quebec. M. de Champlain pria en même temps le P. Joseph d'aller au devant pour en decouvrir la verité. L'allarme n'estoit que trop veritable, il en trouva la confirmation à 5. lieuës de Quebec, & n'eût le temps que de se jetter dans le bois. Le Religieux que nous avions au Cap-tourment venoit par terre. Ces deux Religieux joints au Sieur de Faucher Commandant, vintent annoncer à Quebec que le Cap-tourment avoit esté surpris par adresse, qu'on avoit tout brûlé, tué les bestiaux, renversé la Chapelle,

& prophané nos Ornemens sacrez : les François avoient gagné les bois. Il n'y en eut que trois qui tomberent entre les mains des Anglois, dont l'un nommé Piver avec sa femme, & sa niece, parut bien-tost aprés devant Quebec, accompagné de l'Officier du Sieur Querk Admiral de la flotte Angloise qui vint sommer la Place de se rendre par une lettre au Sieur de Champlain. Mais ce brave Gouverneur, quoyque dans la derniere consternation, demeurant toûjours ferme & intrepide, luy fit une réponse si fiere, que les Anglois s'imaginant Quebec plus en état de deffense qu'il n'estoit, quitta la partie, & fit voile en Angleterre.

Il est vray que ce General Anglois crut avoir beaucoup

fait, d'avoir pris entr'autres prisonniers ce jeune Huron nommé Loüis de sainte Foi, dont il a esté parlé, lequel avoit esté baptisé deux ans auparavant par Monseigneur l'Archevesque de Roüen : les autres François pour se faire valoir ayant confirmé à ce General, que c'estoit le fils du Roy de Canada, l'Anglois se persuada que ce prisonnier luy faciliteroit l'année prochaine la prise de tout le païs, mail il fut bien surpris, lorsque l'année suivante ayant effectivement pris Quebec, il trouva que son pere estoit un miserable Huron, tout nud & sans authorité ; on luy rendit son fils avec un habit mediocre, & les ennemis retinrent l'équipage magnifique qu'on avoit apporté pour luy, & dont jusques alors il avoit esté regalé, cette reputation de fils de Roy, ayant esté malheureuse à ce pauvre garçon, & peut-estre l'occasion de sa perte éternelle, car il reprit les maximes Sauvages, & perdit les idées du Christianisme qu'il auroit conservé parmy les François, si cette grande extraction prétenduë n'avoit obligé les Anglois de le garder en 1628, lorsqu'ils dégraderent les François à l'Isle du Cap-Breton.

Sur l'allarme qu'on avoit prise de l'arrivée des Anglois, plusieurs Sauvages Montagnais nos affidez, s'estoient venus offrir à nos Peres, entr'autres Napaga Biscou, lequel ayant esté instruit & baptisé par le Pere Joseph le Caron, ne recherchoit que l'occasion de rendre service à ses bien-faiteurs pour la defense du Christianisme. Si-tost qu'il fut échappé des Anglois, il vint representer au Pere Joseph, que si ces Heretiques en faisoient de même à Quebec qu'au Captourment, tout seroit perdu pour l'Eglise naissante des Sauvages. Je te supplie donc luy dit-il, de me donner deux ou trois de tes Freres, ils ne tomberont point entre les mains des Anglois, ils me confirmeront dans la Foy, & nous enseignerons les autres qui ne sont pas encore instruits, je les nourirai, & ils n'auront pas pis que moy & nous reviendrons quand les Anglois auront quitté le païs. Le Pere Joseph trouva sa proposition conforme à son zele, & à celuy de ses Religieux, il se désigna luy-même, il accorda cette même grace à deux autres. Le Sauvage voulut que le Frere Gervais Mohier fut de la partie, il s'agissoit d'hyverner au païs des Algomquins, ils partirent incessamment pour les trois rivieres & ils essuyerent dans la route plusieurs perils : leurs Canots s'estant brisez quinze lieuës au dessus des trois rivieres. Ils furent obligez de faire le reste du chemin par les bois : ils penserent estre emportez par la marée qui montoit & qui les surprit, enfin à la faveur d'un Canot qu'ils rencontrerent par hazard, ils se rendirent aux trois rivieres, ou les Villages formez de Montagnais & d'Algomquins qui attendoient la maturité de leur recolte, leur temoignerent cette affection naturelle qu'ils ont encore pour nos Religieux. Ce fut là qu'ils reçûrent nouvelle que les Anglois estoient tout de bon hors de la riviere, mais qu'ils avoient combatus, vaincus & dissipez nostre flotte, & que Monsieur le Gouverneur & les autres François prioient le Pere Joseph de retourner.

Sur ces entrefaites on vit arriver 20. Canots Hurons qui amenoient le Pere Joseph de la Roche Dallion; on ne sçauroit exprimer la douleur de Napaga-Biscou, quand il fallut se separer, mais l'ordre estoit precis, aussi ce pauvre Chrestien devenu Apostre de sa nation, ne manqua pas de se rendre au mois de Mars suivant à Quebec en nostre Convent, où il venoit tous les ans reprendre de nouvelles forces, lorsqu'il ne trouvoit pas de nos Peres aux trois rivieres.

Je n'oublierai point icy la defaite dont un Sauvage Chrestien se servit pour se tirer des mains des Anglois, & temoigner sa fidelité à la nation Françoise. C'est le nommé Pierre Antoine Atetkoüanon, dont nous avons parlé cy devant, baptisé en France, tenu sur les fonds par Monsieur le Prince de Guimenée. Il estoit à Tadoussac quand les Anglois y parurent. Il y fut pris avec les autres, on le mena à bord, on l'interrogea en François & en Latin; il fit semblant de ne rien entendre: le Capitaine Michel François revolté avoit connu ce Sauvage pour estre instruit dans ces deux Langues, il en donna avis à l'Admiral, qui le retint pour servir de truchement & faire descendre sa nation à la traite. Pierre Antoine ne pût cacher davantage qu'il ſçavoit les Langues, & qu'il eſtoit Chreſtien, mais il s'aviſa d'un expedient, feignant de tenir le parti Anglois, il dit à l'Admiral que comme il avoit ſes meſures à prendre avec les François & particulierement avec les Peres Recollets à qui il temoignoit avoir l'obligation du Baptême, & de tout ce qu'il ſçavoit : il conjura l'Amiral de le ménager ſur ce point, & de ne le point conduire à Quebec : qu'il luy ſerviroit plus utilement, s'il luy permettoit d'aller aux trois rivieres avec deux Canots chargez de vivres & de marchandiſes, & qu'il luy ameneroit quantité de Sauvages à la traite, on ſe fia à ſa parole, on luy accorda tout ce qu'il demandoit, mais Pierre Antoine degagé des mains de l'Anglois, tira droit à l'Iſle rouge, passa de l'autre coté du Fleuve à la riviere du Loup, & depuis l'Admiral n'en eut aucune nouvelle.

L'hyvernement fut dur à Quebec, par le manquement de toutes choses & la perte des navires qui avoient esté enlevées par les Anglois, en sorte qu'il fallut partager le peu de vivres qui se trouvoient : nos Religieux auroient pû pretendre leur part, mais ils se contenterent du bled d'Inde, & des legumes qu'ils avoient ensemencées : la Dame Hebert les aida de deux bariques de pois. Ils vivoient encore de racines, & même de glands, trop heureux de trouver quelques anguilles; la Providence multiplia ces provisions, en sorte qu'ils en fournirent encore à trois Seminaristes, qu'ils se reservoient, & à plusieurs autres necessiteux.

Il arriva même que le fils de Mahican Atixouch, dont il a esté parlé, nous donna son fils, à condition qu'il l'abandonneroit au Pere Joseph pour l'instruire & même pour l'envoyer en France; ce qui fut executé. Les Reverends Peres Jesuites qui pour lors estoient logez dans leur maison, s'employerent pour le secours des François.

Au premier Printemps le Sieur de Champlain voyant la necessité où on avoit esté durant l'hyver, pria le Pere Joseph de luy accorder une partie de nos terres, du côté de la Pointe aux Lievres : quatre autres personnes en firent de même: on les deserta grossierement, & l'on y sema du froment, des pois & du bled d'Inde.

Le Sieur de Champlain avoit envoyé vers Gaspée pour reconnoistre si on ne trouveroit point de navire François, on n'en apprit aucune nouvelle par le retour de sa chalouppe; mais bien que les Gaspesiens faisoient offre de nourrir 20. familles leurs femmes, & leurs enfans: les Algomquins & les Montagnais offrirent de plus amples secours: on équippa une barque pour passer en France: le Sieur du Boullé beau frere du Sieur de Champlain en accepta la conduite, il prit le Sieur des Dames, Commis de la Compagnie pour son Lieutenant.

Aux approches de Gaspée dans la grande Baye de Saint Laurent, ils rencontrerent heureusement un navire de France commandé par le Sieur Emeriç de Caën qui leur amenoit du secours, & leur donnoit la nouvelle que le Roy envoyoit le Sieur de Razilly pour combattre l'Anglois, & sauver le païs: la barque fut chargée, & le Sieur du Boullê retournoit sur sa route pour Quebec, lorsqu'il tomba malheureusement dans un navire Anglois, qui les fit tous prisonniers.

Cependant les Hurons arriverent à Quebec avec 20. Canots; on traita leur bled d'Inde, dont une partie servit aux Peres Jesuites, & à nous jusqu'à l'arrivée des Anglois qui ne tarda pas.

Leur flotte nous surprit ayant paru dés le matin du 19. Juillet 1629. vis-àvis Quebec, à la Pointe de l'Isle d'Orleans. Elle estoit composée de trois navires & de six autres, qu'ils avoient laissé à Tadoussac, & qui les suivoient. Les Missionnaires Jesuites & Recollets eurent ordre avec les autres Habitans de se retirer dans le Fort où il n'y avoit de poudre, que pour deux ou trois volées de Canon, & pour tirer huit à neuf cens coups de Mousquets.

Le Sieur Querc General de la flotte Angloise, envoya un Gentilhomme Anglois au Sieur de Champlain pour sommer la place, avec une lettre fort honneste. L'état miserable du païs, qui n'avoit ny vivres, ny munition, n'ayant reçû aucun secours de France depuis deux ans, luy fit rendre une reponse plus douce que la precedente.

Le Sieur de Champlain deputa le Pere Joseph pour aller

ler à bord de l'Admiral traiter avec luy des conditions avantageuses, & sur tout obtenir du delay. Il demanda quinze jours, le General informé par les prisonniers de la chalouppe de la necessité où on estoit à Quebec, n'y voulant point entendre, le Pere luy demanda au moins huitaine. Le Conseil de la flotte s'assembla pour en deliberer, mais il n'eut pour responce, sinon que les Anglois en donnoient que ce jour là jusques au soir. Il pria le Pere de l'aller dire à Monsieur de Champlain, & qu'au reste il n'avoit qu'à dresser les articles de la capitulation, & qu'on les executeroit fidellement. Il donna avis au Pere Joseph de se retirer avec nos Peres dans le Convent, & luy promit qu'il ne leur seroit fait aucun tort quoy qu'il arrivât.

Deux François prisonniers nommez Baillif autrefois Commis, & Pierre de la Ray Charon avoient rendu de mauvais offices aux Reverends Peres Jesuites auprés de ce Capitaine, en luy persuadant qu'il trouveroit à gagner beaucoup chez eux; ce qui fut cause que ce Capitaine temoigna au Pere Joseph avec de grands emportemens, que si le vent avoit esté plus favorable, il eût commencé par la maison de ces Peres. Le Pere Joseph ne manqua pas de leur faire confidence de la fureur injuste de ces Heretiques, afin de prendre leur precaution dans le Traité de composition qu'on alloit faire.

Le Pere Joseph ayant reçû cette reponse, le Capitaine le conduisit par tout son navire,

& luy montra ſes munitions, & ſon monde. On le fit mettre à terre, & il fit ſon rapport à Monſieur de Champlain.

Les avis furent differens, le Pere Joſeph qui n'avoit pas remarqué chez les ennemis de grandes forces en hommes, leurs troupes reglées n'eſtant au plus que de 200 ſoldats, mal bâtis, qui n'avoient même jamais portez les armes; & d'ailleurs ſe confiant beaucoup ſur le courage que les Habitans faiſoient paroiſtre, auroit fort incliné, auſſi bien que les Peres Jeſuites, à courir les riſques d'un ſiege: mais enfin le ſentiment de Monſieur de Champlain, l'emporta. Les articles de la capitulation furent dreſſez, on les envoya au bord de l'Admiral, & toutes ces choſes eſtant en état on fit prier l'Anglois de donner temps jusqu'au lendemain matin.

En ce même temps les Sauvages affidez des François, & sur tout le nommé Chaumin dont il a esté parlé, sollicitoit fortement le Pere Joseph Superieur, & nos Peres de luy accorder deux ou trois des nostres pour se retirer dans les bois, & de là dans leur païs; car quoy qu'il ne fut pas encore établi dans les principes de la Religion, il aimoit neanmoins passionnement ces pauvres Peres. On delibera sur cette proposition, d'un côté on consideroit que les Anglois ne feroient pas long-temps possesseurs du païs, que tost ou tard le Roy y rentreroit par un Traité, ou autrement qu'en attendant, on avanceroit toûjours le bien commencé parmy les Sauvages, qui d'ailleurs s'offroient d'entretenir nos Missionnaires, & qu'enfin le païs retournant sous la domination de France, nous nous retrouverions encore dans le Canada en état d'y continuer les travaux Evangeliques, & de soûtenir par tout nos établissemens : on y estoit d'autant plus invité, que le General Anglois avoit rendu de grands temoignages d'amitié & de protestation au Pere Joseph : enfin deux de nos Peres s'offroient à ce sacrifice pour ce dessein, le P. Joseph même ne s'en éloignoit pas. Il n'y avoit point cependant de temps à perdre ; il falloit partir & s'échapper dés le jour même : ainsi que firent quelques François qui gagnerent en Canot avec les Sauvages.

Il eſt chagrinant pour des hommes Apoſtoliques, lorſqu'ils ſont arreſtez par la force dans les projets les plus juſtes, les plus raiſonnables & les plus ſaints. Le Conſeil de Quebec & les autres chefs s'y oppoſant, il fut conclu pour pluſieurs raiſons, purement politiques, & humaines, ſoit par la conſideration des Anglois qui en avoient eu la connoiſſance, ſoit par les reproches qu'ils pretendoient avoir ſujet de craindre en France; ſoit par la defiance de la Providence de Dieu à l'égard de nos Peres, ſoit enfin parce qu'ils ne croyoient pas que les François vouluſſent retourner en Canada : il fallut ſe rendre, & ce fut auſſi le ſeul endroit de plaintes, qu'on fit en Cour, & particulierement en Province contre le Pere Joſeph

Superieur, de n'avoir pas eu assez de fermeté pour donner tout l'effet à son zele, car en effet il seroit arrivé que ces nations Sauvages qui avoient mis toute leur confiance aux Recollets, seroient aujourd'huy plus disposez qu'ils ne paroissent au Christianisme.

Le Reverend Pere Joseph s'en lava de son mieux sur l'authorité du Conseil de Quebec, comme en font Foi les reponses qu'il en a donné au definitoire de la Province aprés son retour, en luy rendant compte de sa Mission.

Le lendemain 20. Juillet 1629. le Sieur de Champlain ayant esté à bord, les articles de la capitulation furent signez de part & d'autre : les Anglois descendirent à terre, & furent mis en possession du païs par le

Sieur de Champlain.

On ne dit rien des articles de la capitulation qui ne regardent pas mon sujet : le Sieur de Champlain y sauva non-seulement sa famille & tous ses effets ; mais il y trouva même quelque avantage : les Habitans François devoient avoir chacun 20. écus, & le reste confisqué aux vainqueurs ; de quoy on fit des grandes plaintes, s'en trouvant dés lors plusieurs qui estoient fort riches. Ceux qui voulurent bien rester au païs, obtinrent quelque avantage ; sur tout la famille de Monsieur Hebert : quant aux Recollets, les Anglois n'oublierent pas la parole qu'ils avoient donnée au Pere Joseph, de ne pas souffrir qu'on leur causât aucun prejudice : cependant quelque soin que les Capitaines en prirent, ils

ils ne purent empêcher qu'un de leurs soldats ne nous derobât un Calice, mais ces Messieurs en temoignerent tant de chagrin, qu'ils jurerent d'en faire une punition exemplaire, si l'autheur venoit à leur connoissance.

Les Reverends Peres Jesuites reçûrent un traitement tout opposé: car leur maison fut pillée, & tout ce qui s'y rencontra, devint la proye des soldats : on les obligea même de s'embarquer le lendemain avec le Sieur de Champlain & tous les François qui firent voile pour Tadoussac, mais les Sieurs Loüis & Thomas Querc l'un Admiral, & l'autre Vice-Admiral de la flotte Angloise; permirent à nos Peres de rester à Quebec : ils temoignerent même publiquement que volontiers ils les eussent laissé en Canada; s'ils n'eussent pas eu des ordres precis du Roy d'Angleterre de les repasser en France, qu'ils pouvoient cependant agir avec eux familierement, & avec la même liberté qu'ils avoient avant la prise de Quebec, qu'ils recevroient leurs visites pour agreables, & que bien loin de leur interdire l'exercice de nostre Religion, ils les prioient de ne prendre d'autre vin pour celebrer la sainte Messe, que celuy qu'ils leur offroient de bon cœur.

Nos Peres vecurent ainsi paisiblement six semaines aprés la prise de Quebec, & reçûrent beaucoup de civilité des Anglois, jusqu'au 9. Septembre 1629. qu'ils s'embarquerent avec le Sieur de Pont-Gravé qui estoit resté à Quebec à cause de son indisposition. Pour aller rejoindre les Peres Jesuites, le Sieur de Champlain & tous les François de la Colonie qu'on avoit fait passer à Tadoussac, le lendemain aprés la prise de Quebec. On laisse à juger quelle fut la douleur des Missionnaires des deux Instituts lorsqu'ils se virent obligez d'abandonner une Mission qu'ils aimoient si tendrement. Dans l'esperance que nos Peres avoient d'y retourner au plûtost ils cacherent en differens endroits une partie de leurs utenciles, & serrerent dans une caisse de cuir les principaux Ornemens d'Eglise avant leur depart de Quebec pour Tadoussac: la flotte mit à la voile pour l'Angleterre le 14. Septembre & arriva le 18. Octobre à Plimout où nos Religieux sejournerent cinq à six jours, aprés lesquels ils furent conduits avec quelques François à Londres, & de Londres à Calais le 29. d'Octobre de la presente année 1629, & arriverent ensuite heureusement dans nostre Convent de Paris.

C'est ainsi que ces premiers Apostres de la Nouvelle France furent obligez d'abandonner cette Eglise naissante avec d'autant plus de douleur & de regret qu'ils avoient temoignez d'empressement & de zele pour y faire naistre le premier & le veritable esprit du Christianisme. La seule pensée qu'ils laissoient sans secours le peu de Sauvages Chrestiens, qu'ils avoient engendré à JESUS-CHRIST par la predication de son saint Evangile, leur faisoit ressentir vivement les impressions de ce grand malheur dont l'Apostre apprehendoit les evenemens deplorables, lorsqu'ils consideroient que les Anglois estoient déja entrez comme des Loups ravissans, dans ce petit troupeau de Fideles qui estoit tout le fruit de leurs travaux apostoliques; & qu'ils n'excepteroient aucun Sauvage de la resolution qu'ils avoient prise de les faire entrer dans leurs erreurs : ils en voyoient déja une preuve trop sensible à l'egard des Sauvagesses, Foi, Esperance & Charité dont nous avons parlé, que Monsieur de Champlain souhaitoit de faire passer en France avec luy, pour avoir soin de leur éducation : jamais les Anglois ne les voulurent embarquer, nonobstant les prieres des Reverends Peres Jesuites, de Monsieur de Champlain, de nos Peres, & les larmes que ces bonnes filles verserent abondamment pour obtenir des Anglois la grace de passer en France : afin d'y conserver la sainteté du Christianisme, qu'elles avoient reçû de nos premiers Missionnaires, elles furent obligées de retourner de Tadoussac à Quebec, & de se retirer chez Madame Hebert qui en prit le soin, afin de les mettre à l'abri de la persecution de ces Heretiques qui ne se promettoient pas moins que d'établir dans la Nouvelle France une Babylone d'erreur & de confusion, par l'exercice d'une Religion aussi detestable dans ses Sectateurs, qu'elle est impie & sacrilege dans ses principes.

Mais enfin comme les desseins des méchans se rompent, & se brisent contre les decrets immuables de la divine Providence, qui se jouë, comme il luy plaist, de leurs resolutions les plus constantes ; il plût à nostre Seigneur d'avoir pitié de son Peuple, il se ressouvint de sa misericorde, & aprés avoir entendu les pleurs, les prieres, & les vœux de ces pauvres Israëlites qui gemissoient sous la pesante main de ces cruels Pharaons, il voulut bien susciter un autre Moïse dans la personne Royale de Loüis le Juste, pour delivrer son peuple de la persecution des Anglois ; & ce Monarque autant illustre par sa pieté que par les heureux succez de ses armes victorieuses ; sçachant bien que dans la reflexion judicieuse de cette Reine si fameuse, & si celebre dans les Histoires sacrées, que Dieu ne l'avoit élevé sur le trône, & qu'il ne portoit avec le sceptre, & la pourpre, la qualité glorieuse de Fils aîné de l'Eglise, que pour le salut de son Peuple, obligea les Anglois de sortir de la Nouvelle France, laquelle ne fut pas plûtost pour la seconde fois sous l'obeïssance de son premier Maistre, & Monarque; que ce Prince Religieux y rétablit avec l'Empire de Jesus-Christ sa puissance, & son authorité Royale, de la maniere que vous allez voir dans la suite de cette Histoire.

CHAPITRE XIV.

Le Roy reprend possession du Canada. Les Reverends Peres Iesuites y retournent, efforts inutils des Recollets pour se rétablir dans leurs anciennes Missions, arrivée des Iesuites à Quebec.

LE Canada gemissoit sous la tyrannie de ses nouveaux Maîtres, & la Religion Catholique établie depuis 14. années par le zele & les travaux des Religieux de Saint François, se seroit bien-tost obscurcie & éteinte insensiblement entre les mains des Anglois, par les erreurs des sectes nouvelles; si Dieu n'eut regardé cette nouvelle Eglise d'un œil de misericorde, s'il ne se fut laissé toucher par les gemissemens, les larmes, les prieres, & les sacrifices de tant de saints Missionnaires, des habitans pleins de pieté, & du petit troupeau des Sauvages Neophites, & s'il n'eut enfin inspiré la resolution & conduit les moyens de delivrer son Peuple de sa double captivité.

Les Anglois possederent trois ans ce nouveau monde, & quoiqu'ils n'oubliassent rien pour gagner l'amitié des Sauvages, & les faire entrer dans leurs interests ; les presens toutefois les flatteries, les avances, les projets, ny les Traitez d'alliance qu'ils leur proposoient, n'avoient pû encore donner aucune atteinte à la forte inclination qu'ils avoient conçûs pour les François, & à l'attachement qu'ils conservoient presque universellement, à l'exception des Iroquois qui n'en ont jamais eu pour aucune nation. L'on en fut averti en France par quelque intelligence secrete qu'on avoit conservé dans le païs, & cela joint aux sollicitations pressantes que les Missionnaires faisoient en Cour, & aux remontrances de Messieurs de la Compagnie, ne servit pas peu à mettre en deliberation, s'il estoit expedient de reprendre le païs, & s'il valloit la peine qu'on entrât à cet effet en negociation avec l'Anglois: le sentiment des Ministres estoit assez partagé sur ce sujet, & peut-estre que le point d'honneur & la gloire de la nation ne l'eût pas même emporté, si on n'avoit examiné les choses plus à fond. Les plus authorisez alleguoient que dés le temps de François Premier, la France avoit fait de pareilles tentatives sur les côtes de l'Amerique, où sont à present les deux Florides, & la Virginie, & qu'on y avoit échoüé: qu'on avoit repris depuis ce temps là les mêmes desseins, & fait de nouveaux établissemens jusques sur les côtes voisines de Canada sans y reüssir: d'ailleurs comme Messieurs de la Compagnie avoient affecté de cacher les profits & les gains du commerce de Canada, l'on n'estoit pas persuadé des avantages qu'il produiroit au Royaume: qu'à l'égard de la Religion l'on connoissoit par les relations des Recollets qui avoient visité & examiné tout le païs, qu'on ne pouvoit en attendre que des fruits tres-mediocres, ces barbares n'ayant que de l'opposition à la Foi. Que pour faire valloir ces nouvelles contrées, il falloit y envoyer de nombreuses Colonies, qui peut-estre dans la suite depeupleroient la France d'hommes, de même que l'Espagne avoit esté beaucoup affoiblie par les Colonies du Mexique, du Perou, & d'autres entreprises d'Orient & d'Occident: que les Europeans commençans déja à former des Colonies considerables sur toutes les côtes de la Mer depuis le sein du Mexique Rio del Spiritu sancto, jusques au détroit où sont aujourd'huy la Floride, la Virgine, la nouvelle Yorc, & la nouvelle Angleterre; il nous faudroit de grandes dépenses pour nous soûtenir contre ces nations plus habiles que nous à s'établir dans les païs nouveaux : que les Sauvages n'ayant nulle disposition à se soûmettre aux loix encore moins à la Politesse ; l'on ne pourroit jamais les assujetir à nos manieres, & à nos mœurs, ny les engager dans nos interests.

Les plus éclairez au contraire alleguoient que depuis la découverte de ce païs dans le siecle passé, la France s'estoit renduë maitresse des grandes pesches de poissons verds, & secs, dont on faisoit un commerce considerable dans les païs chauds, ce qui occupoit dés lors plus de mille à douze cens navires. Que le grand banc, & les autres bancs voisins, les Isles de terre neuve, le Cap-

Breton, l'Isle Percée, les côtes de l'Acadie, estans les seuls endroits propres aux pesches copieuses, sans parler de celles du Nord, appartenoient à la France par le titre de premier Possesseur; & que ces pesches estoient pour le Royaume des mines intarissables, qu'on ne pouvoit nous contester si nous soûtenions la Colonie. Que plusieurs navires basques & autres du Royaume, y alloient en pesche de Marsoins, Balaines, Loups-Marins; & dont on tiroit une quantité prodigieuse de bariques d'huile, necessaires aux manufactures & aux usages domestiques, qu'on emportoit même dans les païs étrangers. L'on sçavoit que par le seul commerce de la pesche, que nos voisins Europeans faisoient sur nos côtes de Canada, ils avoient fait déja des établissemens considerables dans l'Amerique, qu'à la verité on n'avoit pas encore eu le moyen, ny le temps de sonder le païs pour en reconnoistre les mines; que cependant on y avoit trouvé de l'étain, du plomb, du cuivre & du fer en plusieurs endroits, & qu'il s'en decouvriroit sans doute beaucoup plus dans la suite, le païs estant fort propre, & les bois d'un tres-grand secours pour les faire valloir: qu'à Quebec même, & ailleurs la pierre y paroissoit comme une espece de marbre batard en plusieurs endroits: il y avoit des mines abondantes de charbon de terre, propre pour les forges, & d'un certain plâtre qui est une espece d'albastre. Que plus on avançoit dans le

païs

païs, on trouvoit de belles forests pleines de bois gommeux pour le goldron des navires, de hauts arbres pour des Mats, des Pins, Sapins, Cedres, Erables propres à toute sorte d'ouvrages, & sur tout pour la construction des vaisseaux. Comme la France sous le Ministeriat de Monsieur le Cardinal de Richelieu Sur-Intendant des Mers, commerces, & navigations du Royaume, preparoit alors de grands armemens de Mer, & que le Roy jettoit les fondemens de cette grande puissance où est à present le Royaume sur l'Ocean & la Mediterranée donnant la loy à toute l'Europe : on considera beaucoup la necessité où l'on seroit, de gens de Mer pour les armées navales, & qu'on n'y pourroit fournir, si les Matelots ne trouvoient en tout temps de l'employ, de quoy entretenir leurs familles, & si on ne les formoit à la Mer par le commerce, & la navigation de l'Occident, celle de l'Orient estant peu considerable en nombre de navires. Que le commerce des pelleteries commençoit déja à produire de grands profits en peaux d'Origniac, Ours, Castors, Loups Serviers, Renards, Loutres, Martes, Chats Sauvages & autres, Messieurs de la Compagnie rapportant dés lors chaque année du moins cent mille écus en seuls peaux de Castors, ce qui augmenteroit beaucoup, à mesure qu'on avanceroit le commerce, sans y comprendre le gain des particuliers; en effet, je vous dirai qu'à mon retour en France en 1687. cette somme triploit, & au de-là en pelleteries, dont nos navires estoient chargez, car quoiqu'on les aille chercher à present plus loin, c'est un commerce qui ne tarira jamais, comme le sçavent ceux qui ont poussé les découvertes plus avant.

L'on considera que le genie des François, n'estant pas de s'arrester dans le Royaume ; il y avoit peu de païs en Europe, où on ne les trouva répandus, & même établis. Que le Canada avoit de vastes Provinces où ils pouvoient former des Colonies sujettes du Roy, sans beaucoup interesser le Royaume. Que les Sauvages s'humanisans & faisans alliance avec nous, le païs seroit bien-tost peuplé & se fortifieroit avec une mediocre dépense. Qu'enfin se trouvant sur nos côtes une quantité de denrées, de manufactures, & de marchandises de toutes sortes qui ne pouvoient à beaucoup prés se debiter dans le Royaume, l'on établiroit d'autant plus le commerce en les portant dans le Canada, où on en pourroit faire un grand debit.

Par ce moyen la Nouvelle France tira son avantage de son propre malheur, car peut-estre n'auroit-on pas compris combien ce païs estoit à nostre bien-seance, s'il ne nous eût esté enlevé par les Anglois, en quoy on doit reconnoistre & admirer la Providence de Dieu qui n'a pas voulu que tous les païs fussent également fournis de toutes choses, afin d'établir la societé, la communication,

& le commerce entre les nations differentes de faire porter par ce moyen & de répandre par toute la terre, les veritez de l'Evangile, & de rendre tous les Peuples du monde participans du merite de la Redemption

Ce fut aussi le principal motif du Roy Louïs Treiziéme lequel penetré des sentimens de Foi de pieté, & de ferveur qui animoient toute sa conduite, cõtoit pour peu de chose, d'avoir gagné tant de bâtailles, dompté la rebellion d'une grande partie de ses sujets, & triomphé par tout des ennemis étrangers de sa Couronne; s'il n'étendoit encore le Royaume de ce fils de Dieu sur l'infidelité, & la barbarie, & ne soûmettoit de nouveaux Peuples à son Empire : ce fut donc là le grand mobile de Louïs le Juste, & de ce grand genie qui gouvernoit sous ses ordres, je veux dire Monsieur le Cardinal de Richelieu.

A cet effet, on negocia avec l'Anglois, pour l'engager à rendre un païs usurpé injustement, dans un temps que les deux Couronnes estoient en paix: Sa Majesté en écrivit au Roy d'Angleterre. Toutes ces negociations estoient longues, & l'Anglois qui comprenoit combien ces vastes païs pouvoient produire davantage à ses Royaumes, nous entretenoit toûjours de belles paroles, depuis 1630. jusques en 1632. mais enfin, Monsieur le Cardinal qui connoissoit par l'experience de quatre années le préjudice, que causoit à la France la cessation du commerce, fit armer une flote de six Vaisseaux de guerre, avec quatre Pataches, pour enlever de force un païs, qui nous appartenoit par toute sorte de justice: Le Commandement en fut donné à Monsieur le Chevalier de Razilly, en qualité de General de cet armement: cette nouvelle portée à Londres obligea le Roy d'Angleterre à se declarer, & consentir à la restitution de la nouvelle France: Sa Majesté Tres-Chrêtienne, revoqua l'ordre, qu'elle avoit donné au Chevalier de Razilly. Le traitté fut signé entre les deux Couronnes: on en regla les limites du costé de la nouvelle Angleterre, où nous cedâmes quelque étenduë du païs entre le Port-Royal, & Baston, qui appartenoit à la France, en qualité de premier possesseur.

Pendant que les RR. PP. Jesuistes agissoient de concert avec nous, pour l'avantage du païs, nous apprîmes qu'ils avoient toute la part à l'érection de la Compagnie qui se formoit, au choix, & à la nomination de ceux, qui la devoient composer. Nostre droiture naturelle, nous fit croire bonnement, que les choses n'en iroient que mieux, & pour l'établissement du païs, & pour nostre propre avantage, nous confiant sur la probité, & la vertu de ces Reverends Peres, & sur les reconnoissances, dont ils nous faisoient souvent des aveux & des protestations: Leur retour fut reglé, & ordonné dans toutes les formes. La compagnie du commerce érigée, par Lettres patentes, & nouveau contract qui leur donnoit

noit le païs en proprieté & Seigneurie. Monsieur de Lauzon en fut nommé Sur-Intendant, & President : On établit une espece de Conseil Souverain à Quebec, composé du Gouverneur, du Superieur des Jesuites, & du Sindic du païs. Tels furent le projet & le reglement, qu'ils formerent pour estre ensuite observez dans toutes leurs circonstances, si tost qu'ils seroient rentrez en possession du Canada.

Nous préparions nôtre retour dés l'année 1631. & nous ne pensions pas, que l'affaire dût avoir la moindre difficulté, puisque nous avions nos établissemens formez, les patentes de Rome, & de France en bonne forme, & qu'une possession de 14. à 15. années, avec des travaux infatigables, que nous y avions soutenus, rendoit nôtre droit incontestable: en effet, sa Majesté y donna les mains: Monsieur le Cardinal voulut bien nous en favoriser les preparatifs, par ses liberalitez, aussi bien que Madame la Duchesse d'Aiguillon: Messieurs de la Compagnie nous entretenoient de belles paroles, que nous pensions estre sinceres, & de bonne foy. Les Reverends Peres Jesuites. Nos anciens associez, & coadjuteurs, nous en faisoient de mesme toutes les avances d'honnestetez. Les Superieurs des deux Instituts, paroissoient agir d'une égale sincerité & intelligence: Monsieur de Champlain prenoit nos interests à cœur, mais il n'osoit paroître; il fut même le premier, qui nous avertit des veritables intentions de ceux qui faisant mine de nous servir, nous traversoient effectivement.

Un incident qu'on nous fit naître, en donna quelque suspicion à nos Peres. Messieurs de la Compagnie nous déclarerent, que nous n'avions autre chose à attendre d'eux, que la permission de passer en Canada, & qu'ils ne pouvoient nous continuer les appointemens de 600. livres, ny le passage gratuit, s'estant engagez aux Reverends Peres Jesuites par un Contract passé, en vertu duquel ils leur promettoient d'entretenir trois de leurs Peres, pour chaque habitation.

Nos six places nous estoient d'un droit incontestable, puisque cette compagnie quoi qu'augmentée d'associez, estoit toûjours la même que l'ancienne succedant aux obligations,

& aux charges de même qu'aux droits, & privileges, en vertu du traitté fait avec le Roy, & par consequent ils estoient obligez d'entretenir six Recollets, par une transaction passée avec la Province.

Cependant ce ne fut pas un obstacle pour nos Peres, accoûtumez à vivre de la Providence, & à se contenter de peu. Ils s'engagerent à subsister independemment du secours de ces Messieurs par les seules aumônes de France dequoy, leur Syndic Monsieur le President Loysel, & autres personnes de qualité, se rendirent caution pardevant Notaire, dont l'acte fut presenté à ces Messieurs, pour leur donner toute seureté; mais la suite fit assez connoistre, que ce n'estoit qu'une défaite suggerée par

Monſieur de Lauzon, qui nous fit ſignifier peu aprés un contre-ordre, pour empeſcher noſtre paſſage.

Les Miſſions de la nouvelle France, ſont bien differentes de beaucoup d'autres: On n'y trouve rien de ce qui plaiſt à la nature, rien qui ne contrediſe à l'inclination des ſens, des fatigues inſurmontables, des travaux ingrats & ſteriles, peu de ſuccez dans la converſion des ames, des obſtacles tout-à-fait odieux, & cependant tous ceux, qui y ſervent avec un veritable zele, avoüent qu'il y a un charme ſecret, qui les y attache, en ſorte que ſi l'obeïſſance, ou la neceſſité des conjonctures, les en éloignent, ils ſont dans un eſtat violent.

Ce charme inviſible m'a paru toûjours d'un heureux augure pour le Canada, dans la pensée que Dieu ne l'abandonne pas pour toûjours, mais qu'il entretient nos esperances, de voir un jour fleurir le Christianisme dans cette barbarie, par la continuation de cette vocation secrette, & de cet attrait puissant, qu'il imprime dans le cœur des Missionnaires.

Ceux des nostres qui avoient travaillé dans la nouvelle France, n'estoient pas les seuls possedez de cette ardeur ; Toute la Province estoit dans les mêmes sentimens, sur tout le Pere Joseph le Caron, qu'on avoit designé Procureur de la Mission depuis son retour. Mais comme il vit que tous ses efforts estoient inutiles, il éprouva le même sort, que saint François Xavier, lequel estant sur le point de passer dans la Chine, trouva tant d'obſtacles ſecrets qui s'oppoſerent à ſes pieux deſſeins qu'il en tomba malade & mourut de chagrin. C'eſt ainſi que le Pere Joſeph fut le martyr du zele qui le devoroit, & de cette charité ardente, qui brûloit dans ſon cœur, pour ſe reünir à ſon Egliſe, de laquelle ſe voyant interdit par une conduite ſecrette, auſſi bien que ſes confreres, ne ſurveſcut pas à ce chagrin, il mourut plein de merites, en odeur de ſainteté, le 29. de Mars de l'année 1652. peu de jours avant le départ de la flote.

Nous verrons en un autre endroit, comme dans la ſuite des temps, il pourſuivra le deſſein de ſon Apoſtolat, par le moyen de Monſieur Soüart ſon neveu, grand ſerviteur de Dieu, veritable heritier des vertus, des talens de cet Apôtre, & de cette ferveur qu'il avoit pour la nouvelle France, où ce ſaint Eccleſiaſtique, conſommera ſes plus beaux jours l'eſpace de 40. ans juſqu'à une grande, mais heureuſe vieilleſſe.

La flotte ne laiſſoit pas de ſe preparer, & les Peres Jeſuites plus heureux que nous, & plus puiſſans, diſpoſoient leur embarquement : Le Reverend Pere le Jeune Superieur de la Reſidence de Dieppe, fut nommé Superieur de la Miſſion. On luy donna pour Adjoint le Pere de la Noüe, & un Frere Coadjuteur temporel, Monſieur de Champlain eſtoit deſtiné Gouverneur, mais le ſieur Emeric de Caën, ayant fait de grandes pertes en 1628. & 29. par le ſiege & la priſe de Quebec, Sa Majesté luy accorda la joüissance du païs pour une année seulement, afin de le dédommager. Il fut non seulement General de la flote, mais encore Gouverneur du Canada jusqu'à l'année suivante: Le sieur du Plessis Bouchard fut son Lieutenant, & commanda sous luy. On leur remit les Lettres patentes & les ordres des Roys de France & d'Angleterre, avec tous les pouvoirs pour le rétablissement de la Colonie, si bien que toutes choses estant prestes pour le départ à Dieppe, on mit à la voile au mois d'Avril. 1632. La flote arriva heureusement à Quebec, ou le sieur de Caën ayant presenté ses ordres au sieur Loüis Querk General Anglois, celuy-cy ne fit aucune difficulté de rendre la place, &

le païs, dont on prit une seconde fois possession au nom du Roy.

On laisse à penser la joye que produisit ce retour dans les cœurs des François de la Colonie, que les Anglois avoient bien voulu y souffrir : Les Jesuites les visiterent d'abord, & reconnurent les tristes débris de leur maison, que ces Heretiques avoient détruit. Heureusement on avoit épargné nostre Convent de nostre Dame des Anges, qui se trouva encore en assez bon estat, pour y recevoir les Peres Jesuites en attendant qu'ils eussent rétabli leur maison. Nos Peres avoient confié au Reverend Pere le Jeune ; avant son départ de France, l'endroit où nous avions caché les vases, & les ornemens d'Eglise, avec tout pouvoir de s'en servir aux offices divins, jusqu'à nostre retour : Les Reverends Peres voulurent bien nous faire le plaisir, d'en user comme de leur propre, aussi bien que de la maison, de l'Eglise & des terres, dont une partie leur est demeurée jusqu'aujourd'huy, depuis un endroit nommé la Gribane, jusqu'auprés du bord de nos fossez.

Leur premiere application fut de rétablir leur maison au delà de la riviere de saint Charles, & comme ils n'esperoient pas que nous deussions jamais retourner dans le Canada, ils transporterent entre autres choses le nom & le titre de nostre Convent à leur maison, qu'ils appellerent Nostre-Dame des Anges.

Je n'obmettray pas à ce propos une observation sur la Lettre, faussement attribuée au Reverend Pere Charles l'Alemant, écrite à Quebec en 1626. inserée au troisiéme Tome du Mercure François, par laquelle entr'autres articles contraires à la sincerité, il témoigne à son Provincial qu'il entre dans ses sentimens, de dédier leur Eglise à Nostre-Dame des Anges, & que la nostre estoit consacrée au nom de saint Charles; ce qui m'a fait juger, que cette Lettre ne pouvoit estre du Pere l'Alemand, c'est qu'il n'ignoroit pas que les Historiens du même temps avoient temoigné que la premiere Eglise de Canada appartenoit aux Recolets, & avoit esté consacrée sous le titre de Nostre-Dame des Anges.

Nous laisserons ces Reverends Peres rétablir leurs Misſions pendant que nous repren-drons noſtre Hiſtoire des nouvelles tentatives que nos Peres faiſoient en France pour les ſuivre en ce nouveau monde.

La Province ſe fortifioit toûjours de plus en plus dans l'eſperance qu'elle avoit de reprendre la Miſſion: Le Pere Guillaume Galleran fut chargé de la Procure.

Les nouvelles qu'on recevoit tous les ans de Canada, allumoient noſtre zele de plus en plus; on apprenoit avec une agreable ſurpriſe par les amples relations imprimées, les grands progrês de l'Evangile dans ce païs: toute la France admiroit que cette Barbarie par un coup de grace ineſperé, ſe fuſt civiliſée, & policée en ſi peu de temps: Les converſions nombreuſes paroiſſoient tous les ans augmentées sur le papier, parmy les Nations mêmes qui nous avoient paru toutes brutales. O Dieu! quel empressement, ces heureux succez faisoient naître dans les cœurs de toute la Province, pour aller prendre part, à de si merveilleux changemens; S'ils estoient aussi veritables, qu'on les debitoit; car dans ces temps, toute la France en estoit la duppe, quoique les relations de la nouvelle Angleterre, & de la nouvelle Hollande, y fussent toutes contraires.

Nos Peres deputerent à Rome, le Reverend Pere Antonin Baudron, pour obtenir les pouvoirs & l'authorité spirituelle. Il estoit muny des Lettres du Roy, pour son Ambassadeur en Cour de Rome: Urbain VIII. tenoit alors le saint

Siege: On luy presenta une relation de l'estat de nos Missions, & jusqu'où la Province les avoit avancées, en sorte qu'on n'eust pas de peine d'estre écoutez dans une proposition, où nous ne demandions, que de sacrifier nostre repos, & nos vies pour l'affermissement d'une Eglise que Dieu avoit commencé par nos travaux: le Saint Pere nous en fit un commandement exprês, qui nous favorisoit en tout, & malgré les ressorts qu'on fit joüer pour traverser nostre dessein, il en écrivit à Sa Majesté, & luy en fit parler par son Nonce: On expedia un nouveau decret de la sacrée Congregation, *de propaganda fide*, , en datte du 28. Fevrier 1635. dont voicy la copie.

Au rapport de Monseigneur l'Eminentissime Cardinal Monty, la Sacrée Congregation a ordonné, que la Mission des Peres Recolets, de la Province de Paris pour aller en l'Amerique Septentrionale, dite communement Canada; & établie sous les hospices d'heureuse memoire Paul V. devoit estre confirmée, & afin que doresnavant, elle soit mieux conduite, & qu'elle apporte un plus grand fruit; En premier lieu elle a trouvé à propos, que le Pere Provincial des susdits Recollets, soit durant son temps étably & constitué Prefet de ladite Mission avec tout pouvoir de s'établir un Vicaire, ou un Prefet, lequel sera obligé de resider audit païs de Canada, découvert dês long-temps, ou depuis peu, ou à découvrir, pourveu toutefois qu'ils qu'ils n'ayent point d'autre Mission & aura soin d'eux , & fera en sorte qu'ils se maintiennent en discipline regaliere.

En second lieu; elle veut, qu'avec le sçeu du Nonce resident en France, ledit Pere Provincial, & son definitoire augmente la susdite Mission de 20. Religieux, lesquels ils pourront envoyer tout à la fois, ou à diverses fois comme durant son temps ils trouveront à propos.

En troisiéme lieu, elle concede audit Provincial; Prefet de la susdite Mission pour l'espace de dix ans, les mesmes Privileges qui sont accordés aux Missionnaires des Indes, avec tout pouvoir d'en faire participant son Vicaire, ou Vice-Prefet, & les Missionnaires mêmes, tant de la vieille, que de la nouvelle Mission, en tout, & en partie, &

quand bon luy semblera, & les en pourra aussi suspendre, & priver tout-à-fait, ainsi que la necessité de la Mission le requerera.

En quatrième lieu elle enjoint au même Provincial, qu'il ait à tirer tous les ans de son Vice-Prefet, la relation du progrés de sa Mission, laquelle il envoira à l'Eminentissime Prefet de cette Congregation. En dernier lieu, elle commande, que pour l'execution desdites facultez, on ait recours à la sainte Inquisition. Signé Antoine Barberin, Cardinal & Prefet. Scellé, & plus bas François Ingolus Secretaire.

De plus, le Saint Pere ajoûta plusieurs Privileges, permissions, & authoritez plus authentiques, en dix-neuf autres articles que j'obmets pour abreger, par lesquels on voit, que nostre Saint Pere le Pape Urbain

VIII. a concedé les ſuſdites permiſſions au Provincial, qui fut, & qui ſera des Recollets de la Province de Paris, pour le terme de dix ans; le tout en datte du 29. Mars 1635. Signé François, Cardinal Barberin; la place du ſçeau. François Ingolus Secretaire. Jean Antoine Thomas, Notaire de l'Egliſe Romaine, & de l'Inquiſition univerſelle.

La ſacrée Congregation, non contente de toutes ces precautions, fit écrire par le Seigneur Ingolus au Reverend Pere Provincial, & au Gardien de Paris, l'Eminentiſſime Antoine Barberin, Prefet de ladite Congregation, & protecteur de noſtre Ordre, voulut bien y joindre ſes Lettres; le tout adreſſé en France à Monſieur Daſcoli Nonce du Saint Siege, lequel ayant reçeu encore quelque temps aprês de nouveaux ordres & privileges remit le tout entre les mains de nos Peres, & les conjura de continuer les effets de leur zele pour les Missions si utiles & si necessaires au salut des ames.

Les Lettres de Rome obtenuës, celle du Roy, les ordres nouveaux de Monsieur le Cardinal: Le Reverend Pere Ignace le Gault, Provincial des Recolets de Paris, se presenta en personne à l'Assemblée, le 6. Septembre 1635. y plaida nostre cause si clairement, que ces Messieurs nous accorderent, non seulement nostre retour, mais encore les mèmes appointemens pour le passage de nos Peres, & les 600. liv. destinées à leur entretien sur les lieux; Ce que le President fut contraint de déclarer de leur part au Reverend Pere Provincial, & de le faire écrire ſur les lieux en ſa preſence; il vint même nous l'aſſurer depuis au Convent de Paris, ſans neanmoins vouloir nous donner la copie du reſultat. La Province fait ſes préparatifs à l'embarquement, & au rétabliſſement de nos Miſſions dans le païs. On y envoye des Religieux au nombre de ſix, ſçavoir, le Pere Potentien de Montmellier pour Superieur, & Vice-Prefet. Les Peres Paul Hüet, Gilles du Tilliet, Florent Morel: & les Freres Gervais Mohier, & Charles Langoiſſeux. On leve des ouvriers à gage. On reçoit les aumônes des particuliers, qui voulurent bien y contribuër. Enfin toutes choſes étant diſpoſées, Monſieur de Lauzon Preſident nous fait étroite déffense de partir, envoye pour cela ses ordres à la flote, & sur nos instances, donne pour toute raison, que nous n'y vivrions pas en paix avec les Reverends Peres Jesuites. Raison d'autant plus frivole, que ces Peres les détruisoient eux-mêmes par des assurances verbales, & écrites: La charité ne nous permettant pas de croire, que ledit sieur fut d'intelligence avec eux dans la conduite si peu sincere, que l'on tenoit à nostre égard.

Le sieur President, étoit venu souvent nous faire la proposition, & solliciter même, de vendre aux Reverends Peres Jesuites nostre Convent, Eglise, terrain, ornemens, meubles, & generalement tout ce qui nous appartenoit en Canada.

Je veux croire, qu'il agissoit

de ſon propre mouvement, mais comme nos Peres n'y voulurent jamais conſentir, il eſperoit nous y obliger par tous les obſtacles qu'il nous faiſoit naître, juſqu'à ſe declarer ouvertement contre nous dans les aſſemblées, & en toutes ſortes de rencontres.

Pour dépriſer noſtre maiſon principale, & nos terres; on en avoit dreſſé un verbal, tel qu'on avoit voulu, en 1633. à l'arrivée des Vaiſſeaux; mais s'étant trouvé infidele, nos Peres s'adreſſerent de bonne Foy à Monſieur de Lozon, lequel ordonna par ſes Lettres que l'on fit nouvelle deſcente en 1634. ce ſecond verbal ſe trouva encore plus faux, que le premier, diminuant le nombre, & l'état des terres défrichées, l'eſtat des bâtimens, & celuy des ornemens d'Eglise.

Sommation faite le 7. Mars 1636. à Monsieur de Lauzon President de l'Assemblée, & à tous Messieurs de la Compagnie, à la requeste de Monsieur le President Loisel, au nom, & comme Sindic General des Recollets, tendante à nostre retour en Canada. Ils répondirent en nostre faveur ne pouvant se refuser à la justice de nostre cause, ny aux ordres de la Cour de France & de Rome.

Pareille sommation à Dieppe, où nos Peres s'étoient transportés pour le passage, en dattte du 3. Avril de la mesme année, à la requeste de mondit sieur Loisel, audit nom; tendant à mesme fin, on amusa, & on entretint de paroles nos pauvres Peres, jusqu'au moment qu'il falut mettre à la voile;

voile ; alors on fit ſignifier un contre-ordre de Meſſieurs de la Compagnie, Seigneurs & Proprietaires du païs, & des vaiſſeaux, en ſorte que le General refuſa de les embarquer.

Comme le Sieur de Lauzon n'avoit pour raiſon que les intereſts des Reverends Peres Jeſuites : nos Peres n'eurent que le temps de leur écrire des lettres preſſantes, qui furent addreſſées en Canada. On en trouve les réponſes en original du Reverend Pere Charles Lallemant Superieur des Miſſions, en datte à Quebec du 19 Aouſt 1636, qui ſont une eſpece de manifeſte, par lequel non ſeulement il ſe juſtifie de ce qu'on leur impute noſtre retardement, mais il proteſte encore que luy & tous ſes Religieux ne deſirent rien tant que noſtre retour.

Munis de ce temoignage, nouvelle Requeste presentée au Conseil du Roy le 4. Janvier 1637, elle fut accordée en nostre faveur ; mais renvoyée par l'execution à Messieurs de la Compagnie, à qui le R P. Ignace le Gault Provincial presenta Requeste, laquelle fut leuë par Monsieur Olier en sa presence le 15. Janvier de la même année. La Requeste repondue, fut accordée non pour l'année presente, mais pour un autre temps, par differentes raisons pretextées, & de nouveaux incidens si bien soûtenus, qu'il fallut en effet attendre un temps plus favorable.

Nos Sauvages estiment, qu'il y a un certain genie invisible qui gouverne tout : un bon & un mauvais : sans pouvoir neanmoins comprendre ny ſpecifier quel eſt ce genie heureux ou malheureux : nous apprîmes les années ſuivantes qu'ils tenoient ces mêmes diſcours, ſur le recit qu'on leur faiſoit des obſtacles qui nous avoient retenu, ces Barbares qui ne manquent pas de bon ſens, diſoient à nos François que le Manitou qui nous arreſtoit, eſtoit un mechant eſprit, & que dans noſtre monde, nous n'avions pas des Jongleurs aſſez habiles pour les conjurer, car ils s'imaginent que le monde finit au bout du leur, & à l'entrée du grand Lac qui eſt en noſtre Ocean.

Quoique ces Peuples jugeaſſent de tous ces retardemens, que nous n'avions pas tant d'eſprit qu'ils croyoient auparavant, leurs inclinations, toutefois & l'empreſſement de revoir leurs premiers peres, n'estoient en rien alterez comme nous l'apprîmes par les lettres de nos amis, & par ceux qui repassoient tous les ans de Canada. J'en ay veu moy-même des preuves sensibles 15. jours aprés mon arrivée de France à Quebec, lors que je visitai pour la premiere fois les Sauvages de la Mission de Laurette, & de Syllerie, car les Hurons, Montagnais, & Algomquins avoient encore les uns par tradition, & les plus anciens par eux mêmes, le souvenir, & l'inclination toute presente de nos anciens Peres; en sorte que quelques vieillards d'entr'eux ne pouvant me faire comprendre dans leur Langue, dont je n'avois aucune connoissance, cequ'ils me vouloint dire; ils se mirent à genoüil devant moy, en presence du Reverend Pere Chaumonot Jesuite leur Missionnaire, joignirent les mains & ayant les yeux élevez au Ciel, ils repeterent plusieurs fois les noms du Pere Joseph & du Pere Nicolas, en jettant de l'eau sur leur teste, pour me faire comprendre que ces Missionnaires Apostoliques les avoient baptisez : tant il est vray que la memoire des justes est precieuse devant Dieu, & devant les hommes. Je veus bien que le discernement de Religion n'y eût pas tant de part, que le penchant naturel & la prevention qu'ils avoient en nostre faveur, mais enfin il est certain comme on en a esté convaincu depuis que ces Peuples estans des gens d'habitude, & s'estans accoûtumez à nos Peres, nostre éloignement a beaucoup traversé leur conversion, & que sans parler des moyens que nous avions mis en usage, ausquels cependant on n'a pas eu grand égard dans la suite, les Missionnaires de differents Instituts auroient beaucoup avancé l'ouvrage, la moisson d'ailleurs y estant assez ample pour y donner de l'employ à dix mille. Ce n'est pas que les petites Eglises naissantes que nous y avions laissées, se soient dementies de leur Foi, à l'exception de deux ou trois, qui n'ayant pû prendre confiance en de nouveaux Missionnaires, n'ont pas soûtenus leur vocation avec toute la perseverance. Il faut neanmoins esperer que Dieu leur aura fait la grace de se reconnoistre, quoique certains écrivains les ayent damnez de plein droit, comme ils en ont canonisez d'autres, qui n'estoient pas moins suspects; car le Canada est un païs où l'on decide souverainement du sort éternel des gens, quoiqu'ils soient encore pleins de vie, & où on les damne, & où on les sauve avec plenitude de puissance, & sans autre forme de procês.

Il est juste d'ajoûter icy à la gloire du Pere Guillaume Galleran, homme Apostolique, qu'il éprouva le même sort que le P. Joseph le Caron avoit éprouvé, & que cette derniere tentative qui paroissoit si bien soûtenuë, n'ayant pas eu son effet, ce pauvre Religieux commençant à desesperer de nostre retour, ne la fit pas longue, car il en mourut de regret la même année 1636. dans une grande reputation de vertu: il est à croire que Dieu qui regarde nos ſervices dans la preparation du cœur, & de la bonne volonté, voulut avancer ſa Couronne, & luy donner la recompenſe de pluſieurs années de travaux, qu'il avoit deſſein d'entreprendre en Canada.

Cela ne laiſſa pas de faire du bruit en Cour parmy ceux qui s'intereſſoient au bien du païs; chacun prenant ſon parti, les uns par intereſt de Religion, les autres par politique, pluſieurs pouſſez par la crainte, & par l'eſperance, car quoique les deux corps fuſſent parfaitement unis enſemble, & perſuadez des bonnes intentions reciproques, les Reverends Peres Jeſuites cependant ſe virent ſoupçonnez de traverſer le retour des Recollets; ils voulurent bien s'en diſculper par un certificat, par des protestations, par des lettres authentiques que j'ay lûës, l'une du Reverend Pere le Jeune Superieur de la Mission au Pere Gardien de Paris en datte du 16. Aoust 1632, une autre du Reverend Pere Charles Lallemant au Pere Baudron Secretaire du Reverend Pere Provincial des Recollets de Saint Denis en France, en datte du 7. Septembre 1637. & une troisiéme du même Pere Lallemant au Frere Gervais Mohier, dans laquelle il se plaint fort de cequ'on soupçonnoit en France & en Canada les Peres de sa Compagnie, d'estre contraires à nostre retour.

C'estoient là des preuves authentiques de leur sincerité, qui ne laisserent plus aucun doute de la verité.

Nos Reverends Peres Recollets de la Province d'Aquitaine qui depuis 1619. avoient donnez tant de preuves de leur zele pour l'établissement de la Foi dans l'Acadie, en avoient esté chassez par les Anglois dés l'année 1628, mais ils furent plus heureux que nos Peres de Paris, pour ménager leur retour dans leurs anciennes Missions, aprés que le Roy fut rentré en possession de Canada, & que l'on eût reglé entre les deux Couronnes les limites de l'Acadie. Car comme ces Reverends Peres ne trouverent personne en concours avec eux, & que d'ailleurs il ne fut pas necessaire de venir en Cour, & de remüer des machines aussi difficiles que celles de Messieurs de la grande Compagnie. Messieurs les associez de l'Acadie previnrent ces Reverends Peres & se resouvenans des bons offices qu'ils en avoient reçûs pour l'établissement du spirituel, sans se mêler de leurs autres affaires, ils eurent recours à leurs anciens Missionnaires. Nos Peres y passerent donc en 1633. & s'y sont depuis signalez par le merite de leurs travaux, & de leur zele, à l'égard des François & des Sauvages autant de temps que les affaires des premiers, furent en état de soûtenir leurs entreprises, & que l'esprit de paix regna parmy ces Messieurs; je ne ferai pas le détail de leurs Missions, renvoyant le Lecteur à la Relation naturelle, & toute simple que les Peres de la même Province ont donnée au Public.

CHAPITRE XV.

Nouvelles tentatives des Recollets de la Province de Paris pour retourner en Canada, & differentes avantures arrivées sur ce sujet.

C'Est une gloire & un grand sujet de consolation pour nostre saint Ordre, que les Religieux de saint François ayent eu l'avantage d'estre les precurseurs des Reverends Peres de la Compagnie de JESUS dans tous les païs, par la predication de l'Evangile; de faire les premieres decouvertes, defricher la vigne du Seigneur, & de preparer les voyes à ces hommes Apostoliques dans les deux Indes, dans l'Affrique, dans l'Asie, dans la Barbarie, dans la Turquie, & generalement par tout où les enfans de Saint Ignace ont marché sur les traces des enfans de Saint François.

Dans les Indes Orientales où ils sont aujourd'huy si puissans en credit, en merite, & en biens; on sçait que huit Freres Mineurs y furent envoyez en 1500. annoncer l'Evangile à Calicut, à Cochin, & y reçurent même la Couronne du Martyre, à l'exception de Pere Henry, qui fut à son retour en Espagne Confesseur du Roy de Portugal, & Evêque de Cepta. En 1502. l'on y destina une Mission plus forte de nos Religieux qui poussa plus avant les découvertes, arbora l'etendart de la Croix, & y fit des conquestes prodigieuses à l'Evangile par la conversion de ces Peuples. En 1510. nos Peres bâtirent le fameux College & Seminaire de Goa ; ils l'ont conduit & acru l'espace de vingt-huit ans, jusqu'à ce qu'enfin, l'an 1542. ils le remirent à Saint François de Xavier, pour s'appliquer uniquement avec ce grand Saint & ses disciples ; à prescher l'Evangile à ce nations barbares : de quoy font Foi les Historiens de ces temps, & les Autheurs de la vie de ce Saint dans les premieres éditions, sur tout le Pere Horace Turselin, quoique dans les éditions suivantes on ait bien voulu supprimer cette marque de reconnoissance, que l'on nous devoit avec tant de justice.

On sçait la gloire que nous avons euë par tous ces païs de

l'Orient, même au Japon, de partager avec ces grands hommes les travaux Apostoliques, & même la Couronne du Martyre. Que les Recollets leur ont frayé les routes de l'Evangile au Royaume de Voxu, partie Orientale du Japon : que le Roy & son Royaume reconnurent par leur predication la Religion du vray Dieu ; plus de 800. Idoles y furent brûlez, & les armes de nostre salut arborez par tout son Empire, en sorte que le Roy députa en 1613. une fameuse ambassade de cent Gentils-hommes Japponois, qui s'embarquerent le 28. Octobre 1613, & aborderent en Espagne le 10. Novembre 1614. sous la conduite du Pere Loüis Sotello Recollet qui presenta au Pape l'Ambassadeur, lequel reconnut le chef de l'Eglise au nom du Roy & de ses sujets.

A l'égard des Indes Occidentales, autrement de l'Amerique, il n'est pas moins connu que cette grande partie du monde fut entierement découverte l'an 1492, & 93, par Christophe Colombe, accompagné des Religieux de Saint François. Qu'en l'année 1516. nous avions déja des Convents, & des maisons considerables à Cubagnia, Cumana & Markapana, ou nos Religieux furent par tout massacrez. Que les Recollets furent dans le Royaume de Tlaxcalla, Mechioacan, & Mexico, & pour couper court l'an 1540, & 41, l'Espagne avoit déja conquis plus de cent Royaumes, & une plus vaste étenduë de païs que l'Europe n'est grande de trois fois, pendant

dant que nos Religieux les premiers & les seuls ouvriers Evangeliques avoient soûmis une partie de ses sujets à l'Empire de JESUS-CHRIST : c'est dans ces vastes païs où ils ont depuis appellé, introduit, accueïlli reçû, soûtenu, aimé, favorisé les Peres de la Compagnie, & continué avec eux les travaux Evangeliques.

Il n'est pas moins constant que dans les autres parties du monde, les Religieux de Saint François y soûtiennent encore aujourd'huy de puissantes Missions qu'ils ont établies dés la naissance de l'Ordre.

Alexandre IV. en l'année 1254. rend témoignage dans une de ses Epistres, qu'il estoient répandus par tout dans les terres des Heretiques & des Infideles. Voicy les propres termes de ce Souverain Pontife.

Alexandre & à nos bien-aimez, les Freres Mineurs faisans Missions aux terres des Sarrasins, Payens, Grecs, Bulgares, Cumanes, Ethiopiens, Siriens, Hiberniens, Jacobites, Nubians, Nestoriens, Georgiens, Armeniens, Indiens, Mossellaniques, Tartares, Hongrois de la haute & basse Hongrie, Chrestiens Captifs entre les Turcs, & autres nations infidelles du Levant ou quelque autre part qu'ils soient, Salut & Apostolique Benediction.

En 1272. le Pere Jerosme Dascoli, depuis Pape Nicolas IV. avec ses Disciples non-seulement menagerent la reconciliation de l'Eglise Greque avec la Latine, mais porterent encore l'Evangile dans la Tartarie. Les Religieux de nostre

Ordre furent appellez par les Princes de l'une & de l'autre Armenie en 1289, & continuoient encore leurs Conquestes en 1332.

La Turquie & les Royaumes soûmis au Grand Seigneur ont esté & sont les Theatres de leur zele, & les témoins de nos travaux Apostoliques, & l'on sçait que la Terre-sainte avec plusieurs autres endroits sujets du Turc, sont encore gouvernez sous la Prefecture des enfans de Saint François, qui y honorerent les Reverends Peres Jesuites, & leur donnerent de l'employ avec plaisir.

L'Histoire fait mention de nos Missions en l'an 1342, en la Bosnie, & l'Esclavonie contre les Infideles, chez les grands Tartares qui possedent aujourd'huy la Chine dans la Perse, dans la Medie, dans la Caldée.

En 1370, la Mission fut fortifiée par Urbain V. de soixante de nos Religieux, l'Ordre estant honoré par tout d'un tres-grand nombre de Martyrs.

L'Ambassade d'Eugene IV. & la Mission de 40. Religieux au Prestre Jean en 1439, soutenuë ensuite d'un plus grand nombre, est encore assez connuë, aussi bien que la reduction de ses Etats, & de leurs soûmissions à l'Eglise Romaine.

Je serois infini, si j'entreprenois de déduire les Missions les plus fameuses dont nous avons esté honorez par toute la terre, dans lesquelles les Reverends Peres Jesuites se sont répandus; mais ils y sont entrez dns nos travaux, ou plûtost nous avons l'avantage de les continuer avec ces hommes Apoſtoliques, agiſſant par tout d'un concert admirable, & dans une parfaite union pour les intereſts de la gloire de Dieu, & de l'Evangile que nous y recherchons uniquement.

C'eſt pourquoy nos Peres de Paris ayant appellé cet illuſtre corps en Canada à leur ſecours pour y travailler enſemble à la Conqueſte des ames, avoient d'un côté une extreme joye d'apprendre tous les ans les heureux progrez de l'établiſſement des Reverends Peres Jeſuites; mais cette joye quoique ſans jalouſie ne laiſſoit pas que d'eſtre traverſée d'une ſainte douleur de voir que ſi nous les avions precedez dans toutes les autres Miſſions du monde Chreſtien, celle de la Nouvelle France, eſtoit la ſeule où nous n'avions pas la consolation de continuer avec eux les travaux Apostoliques, & d'autant plus que la charité reciproque, qui ne fut en rien alterée entre ces deux corps, nous persuadoit que ces Peres pleins de vertu & de merite, en avoient autant de regret qu'ils nous en temoignoient par leurs lettres.

Nous ne donnerons pas le détail d'une nouvelle tentative faite en 1639. Deux deputez arriverent de Canada en France, & s'addresserent secretement à nos Peres de Paris pour leur representer la gehenne où estoient les consciences de la Colonie, de se voir gouverné par les mêmes personnes pour le spirituel & pour le temporel, nous conjurant de faire nos diligences en Cour, afin d'obtenir nostre rétablisſement : le Pere Paul Hüet les accompagna chez quelques-uns de Meſſieurs de la Compagnie qui eſtoient de nos amis, & qui nous ouvrirent librement leurs penſées, nous temoignans eſtre perſuadez de la neceſſité de noſtre retour ; même pour leurs propres intereſts ; & nous promettans toute ſorte de faveurs.

Nouvelle Requeſte preſentée à Monſieur le Cardinal, dont les motifs ſeront deduits cy-aprés ; elle fut accordée ſelon ſa teneur, & toûjours renvoyée à Meſſieurs de la Compagnie qui nous donnerent parole en particulier mais dês qu'ils eûrent conſulté l'Oracle, nos propres amis nous tournerent le dos, ſans vouloir même nous accorder la permiſſion de paſſer en Canada qu'ils ne refusoient pas à des manœuvres, à des ouvriers, & à des habitans.

Nous avions pensé que cette occasion nous seroit d'autant plus favorable, qu'on envoyoit la même année en Canada des Dames Ursulines, & des Dames Hospitalieres pour le secours spirituel & corporel de la Colonie à la sollicitation des Reverends Peres Jesuites; mais enfin des raisons secretes nous ayant donné l'exclusion, il fallut en demeurer là, & se conformer aux ordres de Dieu.

Cependant nos Peres se confians toûjours à la justice de leur cause, & fortifiez de plus en plus par les mouvemens d'un nouveau zele, ne desesperoient de rien pour un temps plus favorable, lorsque les clameurs du païs & la necessité des conjonctures l'emporteroient par dessus les pressantes intrigues qui empêchoient nostre retour.

La Reyne dont la pieté avoit autrefois beaucoup favorisée nostre Mission, témoignoit encore y prendre part ; sa justice portoit impatiemment de nous voir ainsi traversé, si bien qu'estant devenuë Regente du Royaume aprés la mort de Loüis XIII. elle témoigna agréer nos sollicitations : son Confesseur Religieux de nostre Ordre, & plusieurs autres personnes qualifiées s'y interessoient fortement, & même efficacement dés l'année 1643, & 44.

Il arriva dans ce temps de nouvelles plaintes du païs, & de Messieurs de la Compagnie. Ceux-cy ayant reconnu depuis plusieurs années, que les mises surpassoient beaucoup les receptes : que le commerce bien loin de leur profiter les ruinoit entierement : que dés l'établissement de leur association, il s'estoit formé une Compagnie dans la Compagnie & une societé, dans leur societé : que quelques-uns d'entr'eux profitoient du debris des autres, s'entendans avec les Commis qui estoient sur les lieux, & les personnes du païs les plus intelligentes & les plus authorisées : ils avoient donc ouvert tout de bon les yeux à leurs propres interests, & reconnu quoiqu'un peu trop tard, qu'ils avoient pris de fausses mesures, & établi leur commerce sur des fondemens ruineux. Nous verrons ailleurs comme ils avoient esté obligez en consequence d'abandonner aux

Habitans le commerce du Canada.

Ceux de ces Messieurs qui n'avoient pas sujet d'estre contens, se joignirent à nous ; & estans munis des lettres des principaux de Canada, nous presentâmes nostre Requeste à la Reine & à son Conseil : à la Requeste fut joint le Factum, dont je ne tracerai icy que le precis & l'abbregé, pour ne pas fatiguer le Lecteur.

On y remontroit humblement tout nostre droit au plus juste. 1o. *que nous avions esté destinez en Canada en* 1615. *par une marque de distinction que le feu Roy & son Conseil avoit fait des Recollets, & par les Lettres Patentes omologuées de tous nos établissemens* 2o. *que plusieurs personnes de consideration, de pieté, & même de la premiere* qualité du Royaume, des Princes du sang, & la Reine même y avoient contribué de leur charité. 3°. que la Province y avoit employée des sommes considerables en bâtimens à Quebec, qui déperissoient de plus en plus, aussi bien que dans les Missions éloignées, 4°. que le Public estoit informé que non-seulement les Recollets avoient esté les premiers & les seuls Apostres de la Nouvelle France, mais que durant 14. années ils avoient defriché la vigne du Seigneur avec quelque succés, administré le spirituel aux François de la Colonie, & annoncé l'Evangile à plus de 50. nations barbares en portant durant tout ce temps le pois du jour & de la chaleur, 5°. que Messieurs de la Compagnie s'estoient originairement engagez par leur traité avec le Roy, & par un contract particulier avec la Province, d'y passer & d'y entretenir un nombre de Recollets, & qu'en vertu de ce traité nous avions fait toutes ces depenses jusques en 29, lorsque les Anglois prirent possession de Quebec, où nous avions souffert de grandes pertes. 6o. que ces Messieurs nous avoient toûjours amusez depuis 1632, la Province ayant preparé à grands frais par trois fois des embarquemens sur leur parole en des années differentes, 7o. qu'à present que la Compagnie traitoit avec les habitans pour le commerce, elle n'y devoit plus prendre d'interest, & agir d'authorité, puisque les habitans de la Colonie sujets du Roy, & les nations Sauvages nous demandoient avec les dernieres instances, 8o, que nous estions porteurs des lettres testimoniales qui faisoient Foi de tous les services que nous y avions rendus dans les decouvertes du pays, 9°, que les Barbares mêmes regretoient encore nostre éloignement, & que l'austerité des Recollets, le desinteressement de leur conduite, la simplicité, l'humilité, la charité & tous ces dehors d'abjection attiroient puissamment ces nations Sauvages, 10. qu'ayant déja nos établissemens dans le pays, il falloit peu de chose pour les remettre en état, nous contentant au reste de l'usage pauvre pour nostre entretien. 11°. que bien loin d'estre à charge à la Colonie naissante, la Province ne comptoit que sur les secours de France ; estant connu par la voix publique, qu'une benediction & une multiplication secrete de la Providence nous y avoit soûtenuë *durant 14. ans, & que le bras de Dieu n'estoit pas racourci pour nous y soûtenir de même. 120. que nous ne ferions point de jalousie aux Reverends Peres Jesuites comme quelques-uns de Messieurs de la Compagnie alleguoient, puisque ces Reverends Peres nous en avoient assurez par lettres, la moisson estant si grande & si ample dans cete vaste étenduë du pays & de nations differentes, que tous les corps Religieux de France pourroient y trouver de l'employ. 13. qu'à la verité nous n'estions pas d'Institut à soûtenir & à avancer le commerce & le negoce; mais aussi que nous estions incapables d'en ménager les profits directement ny indirectement: qu'au contraire les negocians rendroient témoignage que nos Peres parfaitement desinteressez pour eux-*

mêmes ; les avoient favorisez en tout ce qui dependoit de leur ministere. 14. que les Recollets estoient d'un état & d'un Institut à n'entrer en concours avec personne pour le credit & les preéminences, pour les charges & les dignitez, les fonds, les rentes, les terres, les Seigneuries, & toutes autres esperances de la fortune, ne demandant que de consacrer leurs travaux & leur vie à la vigne du Seigneur, & à l'établissement de son Royaume. 15. que si Monsieur de Lauzon President de la Compagnie alleguoit que nous n'estions pas propres pour une Colonie nouvelle, nostre Institut ne nous permettant pas de faire passer & d'entretenir nombre d'habitans, de faire defricher les terres, d'établir des Fermes, des Villages, des Bourgs, des Seigneuries, & d'en faire *valloir les fonds, d'où il pretendoit conclure qu'il seroit plus à propos d'y multiplier les établissemens des Reverends Peres Jesuites, que d'y envoyer les Recollets : nous exposions fort au long que cette raison n'estoit nullement recevable parmy des Chrestiens, & qu'elle estoit tout-à-fait contraire à l'esprit Apostolique, éloigné des intentions, & de la fin, détruisant même l'effet & le fruit des Missions. Qu'au reste que cette raison là ne paroissoit point politique, puisque ces établissemens se feroient peu à peu par des personnes seculieres, & laïques, & qu'on pouvoit s'assurer qu'aprés un grand nombre de siecles, les Religieux de Saint François n'auroient pas plus de droit que le premier jour sur les fonds & les terres de ces vastes contrées, au lieu que le pays venant un jour à se peupler, il se trouveroit que les principales Seigneuries, les Fermes, & les meilleurs fonds, seroient possedez par les Missionnaires, maîtres également du spirituel & du temporel.*

Enfin pour replique aux raisons frivoles, que Monsieur de Lauzon avançoit afin de soutenir, que les Religieux non rentez, n'estoient pas propres pour les nouveaux païs, on insera un détail de ce nombre presque infini de Colonies établies depuis plusieurs siecles dans l'Orient & dans l'Occident, avec de si grands progrez pour le spirituel, & pour le temporel, quoy qu'on n'y eût employé que des Religieux de saint François, ou d'autres non rentez, à qui les Rois & les Princes, les Estats & les Compagnies des Negocians, avoient rendu sur ce point les témoignages les plus avantageux ; & que l'on ne voyoit pas, que la nouvelle France dût faire en cela quelque exception.

Le Reverend Pere Ignace Legault, cy-devant Vicaire General de l'Ordre, estoit alors Provincial de la Province de Paris : il presenta luy-même en compagnie du Pere Paul Hüet, la tres-humble remontrance, jointe à nostre Manifeste. Il en fit autant au Bureau de Messieurs de la Compagnie.

Comme il n'estoit pas possible de se refuser à la justice de nos raisons : la Requeste fut accordée au Conseil : les ordres en furent expediez : mais quelque precaution, que nous eussions pris pour n'estre pas renvoyez à Messieurs de la

Compagnie ; des gens plus fins, & plus puissans que nous, jouërent si bien leur roller, que l'on insera dans la reponse, que nous serions obligé de prendre l'attache de Messieurs de la Compagnie.

C'estoit nous renvoyer, comme dit le proverbe, aux Calandes Greques, puisque nous trouverions toûjours dans nôtre chemin Monsieur de Lauzon President du Bureau, & trois ou quatre autres de ces Messieurs, qui nous faisoient bonne mine à mauvais jeu, & qui ne laissant pas de convenir de nostre droit, estoient trop esclaves de certaines personnes, pour consentir contre leur volonté à la justice de nostre cause. Ceux de ces Messieurs qui estoient les mieux intentionnez, voulurent bien neanmoins se charger encore une fois de nos papiers. Nôtre Reverend Pere Provincial, se trouva au bureau à jour nommé : on fit lecture de l'extrait de nos raisons, & des ordres de la Cour:nos Peres sortirent du bureau. Deliberation faite : il fut dit qu'on nous accordoit ce que nous demandions, à condition qu'on attendroit à l'année suivante, ces Messieurs ne voulant pas decider souverainement, jusqu'à ce que l'on eût consulté les Habitans du païs ausquels on abandonnoit la traite.

Cependant, comme toutes ces negociations tiroient en longueur, & que l'on avançoit les preparatifs de la Flotte ; Monsieur de Repentigny, General, nous avoit demandé, & avoit même obtenu de nostre Reverend Pere Provincial, trois de nos Religieux s'offrans de les passer à ses frais, & de les entretenir durant quelque temps au païs. Il estoit parti pour la Rochelle, où l'on avoit fait, à nostre nom une partie des emplettes necessaires à nostre restablissement. Monsieur de Repentigny, qui estoit déja à la Rochelle, envoya son Certificat en nostre faveur, & celuy de trois ou quatre Canadiens, qui se trouvoient alors en France: Le tout presenté à Messieurs les Interessez, ceux cy répondirent à nos Peres par Monsieur de Lauzon, qu'il faloit s'en tenir à leur premier ordre, & attendre à l'année suivante; nous ajoûtant qu'il en écrivoit de bonne ancre, que nos Peres n'avoient qu'à demeurer à la Rochelle sur sa parole, qu'infailliblement les réponses ſeroient favorables , & qu'on nous donneroit toute ſorte de ſatisfaction.

Peu de temps aprés , quelqu'un des Meſſieurs les Intereſſez ; & de nos intimes amis, voulut bien confier à nos Peres, que c'eſtoit un jeu joüé par Monſieur de Lauzon, qu'il s'étoit mocqué tout le premier de nos manifeſtes & de nos raiſons, & que luy & Monſieur de la Madeleine, s'efforçoient de perſuader au bureau, qu'il ne faloit point de Religieux non rentez dans les nouveaux établiſſemens, & que l'on en avoit même tout recemment prevenu la Reyne Mere. Il nous ajoûta que s'eſtant trouvé peu de jours auparavant en converſation ſur noſtre ſujet avec Monſieur de Lauzon, celuy-cy, luy avoit dit en propres termes : *Les Re-*

colets devroient se défaire de leurs terres, renoncer à leurs droits, & en traiter avec les Jesuites, qui leur en feroient bon party: ces Peres n'y entendent rien avec toutes leurs raisons, elles ne sont plus du temps, cela estoit bon autrefois; mais dans le siecle où nous sommes, l'on a reformé la Morale, & on a même trouvé qu'il falloit se servir du temporel pour établir le spirituel: un pays en est mieux gouverné, les Recollets sont de vos amis, dites leur qu'ils n'y pensent point.

Il n'en fallut pas davantage à nos Peres pour ne plus rien esperer, voyant qu'on les renvoyoit ainsi de Caïphe à Pilate. La Province cependant ne laissa pas de faire nouvelle protestation au nom du Sindic declarant, que si on étoit arresté par la force on ne quittoit pas la partie, & cependant procuration fut dressée au Reverend Pere Gardien de la Rochelle, pour l'usage de huit arpents que faisoient partie de nos terres défrichées à Monsieur de Repentigny; & quoyque cette cession fut purement gratuite de nostre part, ce Gentilhomme qui a laissé sa probité, sa generosité, & sa liberalité hereditaire à sa famille, une des plus considerables du Canada, voulut bien nous en faire une reconnoissance annuelle; le reste de nos terres avoient esté de même abandonné gratuitement les années precedentes aux Dames Hospitalieres, à condition que ce seroit sans consequence jusques à nostre retour, & qu'elles en feroient par lettres une reconnoisſance à la Province.

Depuis ce temps là Monſieur d'Avaugour Gouverneur, en accorda une partie par conceſſion à Monſieur de Lobbinier Lieutenant General. Il eſt vray que quelques années aprés ſçavoir en 1668, le Sieur Bequet Notaire Royal de Quebec, nous en ayant demandé quelque portion particulierement le terrain du Convent, & de trois ou quatre arpents des environs, la Province luy en accorda l'uſage, ſans prejudice de nos droits.

Il arriva qu'au mois de Novembre 1650. un de nos amis de la Compagnie de Canada, prit la peine de venir à noſtre Convent de Paris, rendre viſite au Reverend Pere Placide Gallemant ſon ami particulier, & Gardien de la maiſon, à deſsein de luy demander si nous ne voulions pas envoyer des Religieux en Canada, assurant que nous y estions de plus en plus souhaité de la plus grande partie des Habitans François, comme les deputez nouvellement arrivez de Canada, l'en avoit assuré singulierement, Messieurs Geodfroy Admiral de la flotte, de Tilly Gentilhomme, & Maheu Syndic du païs; que nous pouvions les voir là dessus, qu'il en avoit communiqué à plusieurs de ses associez, qui luy avoient dit n'y trouver aucune difficulté, mais au contraire que nostre retour estoit absolument necessaire, que c'estoit un acte de justice, que les habitans n'avoient point le repos de leur conscience à cause de certaines difficultez d'interests qui se rencontroient dans le Canada avec ceux ausquels il falloit se confesser (ce sont les termes de son exposé) il ajoûta que si nous ne prenions ce parti, les deputez & la Compagnie prendroient leurs mesures à nostre defaut pour y faire passer des Prestres seculiers.

Sur ces avances le Reverend Pere Raphaël le Gault qui se trouvoit alors Provincial voulut éprouver à son tour, s'il seroit plus heureux que ses predecesseurs. Il fit venir à Paris le Pere Paul Hüet qui estoit de la Communauté de Roüen, & les FF. Gervais Mohier, & Charles Langoisseux qui connoissoient le Canada, & leur donna pour adjoint le Reverend Pere Zacharie Moreau, homme d'esprit & d'intelligence, afin de negocier tout de nouveau nostre retour: on alla trouver nostre ami qui ne nous conseilla pas d'aller à la Cour, mais bien de nous addresser directement à Messieurs de la Compagnie, à qui nous pourrions presenter Requeste, à l'assemblée generale qui se tiendroit le 16. Janvier 1651, & qu'assurement on n'y trouveroit point d'opposition; que Monsieur de Lauzon même estoit entierement changé, pourvû qu'il n'en coûta rien à ces Messieurs; qu'il falloit leur rendre visite en particulier, & sur tout prendre Langue des deputez de Canada.

On n'oublia rien de tous ces avis: les deputez nous en apprirent plus que nous n'en voulions sçavoir, & plus que la charité ne me permet d'en donner au public, & enfin nous dirent resolument qu'ils cherchoient quelqu'un pour mettre Curé à Quebec, & en quelques-uns des endroits principaux; leurs consciences se trouvans trop génées, d'avoir affaire aux mémes gens, tant pour le spirituel, que pour le temporel, n'ayant personne à qui ils pussent communiquer confidemment les difficultez de leurs consciences, & qu'à nostre refus ils en iroient chercher d'autres.

Messieurs de la Compagnie instruits par ces deputez, nous tenoient à peu prés les mêmes discours, singulierement Monsieur Rosé Directeur, Messieurs Margonne, des Portes, Beruhier, & Chamstou, ajoûtant en termes exprés: *mes Peres il eût bien mieux vallu que vous fussiez retournez en Canada, que d'autres perſonnes ;* c'eſt une haute injuſtice qu'on vous fait, & aux habitans, nous voyons bien d'ou cela provient, preſentez vos raiſons & on vous fera juſtice, & à ceux du païs: enſuite l'on viſita le Sieur Cheffault Secretaire de la Compagnie, qui nous dit : *autrefois mes Peres, j'ay eſté contre vous, & j'en ay demandé pardon à Dieu ; on m'avoit ſurpris, à preſent je vois bien que j'ay manqué ; plût à Dieu que vous y fuſſiez paſſé il y a long-temps, & y faire voſtre charge de Curé, l'on vous y deſire pour le repos des conſciences.*

Les Peres Zacharie Moreau, & Paul Hüet luy declarerent & le prierent de rendre témoignage à ces Meſſieurs, que quand bien ils nous permettroient de retourner en Canada, nous ne pretendrions pas y exercer les fonctions curiales, pour ne point faire de jalousie à personne, à moins que les Reverends Peres Jesuites ne nous rendissent la même honnesteté que nos anciens Peres leur avoient fait, en 1625, lorsque le Pere Joseph le Caron Superieur, leur permit & même les pria pour entretenir l'amitié d'exercer avec nous à l'alternative, les fonctions curiales à Quebec: qu'au reste, nous nous contenterions d'y exercer nostre Ministere comme en France, & par tout ailleurs pour le soulagement des consciences, & de concert avec les Reverends Peres Jesuites.

On rendit pareillement visite à Monsieur de Lauzon Intendant de la Compagnie, lequel à son ordinaire parut decider

cider en noſtre faveur ; on luy preſenta même les cautions de noſtre Syndic, & autres, pour le certifier, que nous ne ſerions pas à charge ny au Païs, ny à la Colonie ; avec un project de la Requeſte qu'il approuva: il demanda combien nous deſirions faire paſſer de Religieux, on luy répondit qu'il en paſſeroit trois, deux Preſtres & un Frere pour aller reconnoiſtre les lieux ; il ordonna enfin de luy remettre la Requeſte quand elle ſeroit en état, & qu'il nous répondoit de noſtre affaire.

En effet nos Peres eſtoient aſſez bons pour ne pas douter du ſuccés : ils prirent même toutes les meſures avec les deputez du Canada : on prepara les Religieux à l'embarquement ; enfin la Requeſte fut portée à Monsieur de Lauzon, le 15, signée le Pere Raphaël le Gault Provincial, Vincent Paladuc Definiteur, Placide Gallemand Gardien de Paris, au nom de toute la Province, accompagnée d'un manifeste, contenant le détail de nos raisons, & de nostre droit.

L'assemblée qui se tenoit le 16. dudit mois de Janvier, dans la maison même de Monsieur de Lauzon, se commença, poursuivit, & finit, sans que mondit Sieur de Lauzon produisit nostre Requeste, jusqu'à ce que l'assemblée fut rompuë & Messieurs ayant levez le siege pour sortir, Monsieur Clarantin dit à Monsieur de Lauzon, vous ne parlez pas de la Requeste des pauvres Peres Recollets. Messieurs reprirent leur place; ledit Sieur de Lauzon fit lecture d'une partie de la Requeste, qu'il interrompit pour faire une harangue toute contraire à nos interests; enfin la décision fut prononcée, qu'attendu que la compagnie avoit remis la traite entre les mains des habitans, & qu'ainsi ils n'envoyoient point de vaisseaux en Canada, il remetoit nostre affaire à la disposition des habitans, & qu'au cas qu'ils n'y trouvassent point de difficultez, il nous permetoit d'y passer. C'est ainsi que trois de ces Messieurs, & de nos intimes amis, nous en firent le rapport, & ils nous avertirent de nous defier du Sieur de Lauzon, parce qu'il n'avoit pas voulu que le resultat fut écrit à l'instant sur le livre de la Compagnie, ny au bas de la Requeste.

Suivant cette decision, nous avions sujet de croire nostre affaire assurée, puisque que quatre habitans du Canada qui estoient deputez en France, les trois cy-dessus nommez nous demandoient absolument des Recollets, & que nous estions certains de leur fermeté : mais nous fumes bien surpris, le 19. Janvier ; lorsqu'on nous envoya nostre Requeste reponduë de la sorte : *attendu que les associez ont remis la traite du Castor aux habitans du pays, & qu'ainsi ils n'envoyent point de vaisseau en la Nouvelle France ; la Compagnie a resolu que la Requeste sera communiqué au Conseil de Quebec, & Syndic du pays, pour, leur avis rapporté, estre pourvû par les Directeurs & associez. Ainsi qu'il appartiendra, par raison fait le 16.*

Ianvier 1651, en l'assemblée de la Nouvelle France. Signé A Cheffault Secretaire de ladite Compagnie avec paraphe.

On voit assez que la réponse écrite n'estoit pas conforme à la resolution de l'assemblée, puisque dans cette réponse, Monsieur de Lauzon y avoit fait glisser, qu'elle seroit communiquée au Conseil de Quebec, au lieu que Messieurs de la Compagnie, comme la plus-part nous en asseurerent, n'avoient demandé autre chose, que de communiquer nostre Requeste aux deputez & habitans du païs, qui estoient alors en France.

Nos Peres eurent recours aux susdits deputez, qui nous donnerent tous leurs certificats, & nous dirent en même temps qu'ils avoient appris de bonne part que nostre affaire s'en iroit à rien, si Messieurs de la Compagnie ne donnoient une autre réponse sur une nouvelle Requeste, que c'estoit nous amuser inutilement de nous renvoyer par devant le Conseil de Quebec, qui estoit composé du Gouverneur, creature des Reverends Peres Jesuites, du Superieur de la Mission, d'un Syndic & habitans que l'on gagneroit aisément pour empescher nostre retour; ils nous ajoûterent même que l'on estoit sur le point d'envoyer Monsieur de Lauzon en qualité de Gouverneur, & que nous pouvions prendre là dessus nos mesures.

Nouvelle Requeste presentée à Messieurs de la Compagnie le 30. Janvier dont l'assemblée se tenoit chez Monſieur des Portes, Monſieur de Lauzon fit ſi bien qu'il ne s'y trouva de nos amis, que Meſſieurs Margonne & Robinot: les autres, particulierement Monſieur de la Magdelaine declarerent qu'il s'en falloit tenir aux termes de la réponſe couchée ſur noſtre Requeſte, qu'au reſte ils nous donnoient toute permiſſion de paſſer, pour ſolliciter noſtre affaire auprés de Meſſieurs du Conſeil de Quebec, laquelle réponſe nous fut ſignifiée dans les formes.

Ainſi finit toute noſtre negociation qui ſe termina à envoyer le reſultat à Quebec, avec des lettres de recommendation de pluſieurs perſonnes, l'on en obtint même du Reverend Pere Provincial des Jeſuites & du Reverend Pe-

Lallemant Superieur de la Maison Professe qui estoit alors en France Superieur des Missions: celuy-cy nous promettant toute sorte de faveurs, lorsqu'il seroit au païs; il voulut bien en écrire une lettre de protestation à nostre Reverend Pere Provincial, & à la Province, si bien que nous ne desesperions pas encore de nostre retour.

Le Lecteur peut juger que si les Reverends Jesuites avoient esté en nostre place, & les Recollets à la leur, nous n'aurions pas manqué de faire valloir & enteriner leur Requeste, & d'y employer nostre credit, puisqu'autrefois nous avions tenu ferme contre tout le païs pour les appeller en Canada, & ensuitepour les y soutenir lorsqu'ils y furent arrivez en 1625, & que le Gouverneur

& les habitans s'opposoient à leur reception : la charité qui est droite & simple nous persuade que ces Reverends Peres ne manquerent point de bonne volonté pour nous rendre le reciproque dans l'occasion presente, & qu'ils ne manquerent que de credit & de pouvoir dans le Conseil de Quebec, comme ils nous en asfurerent l'année suivante par leur lettre : on juge assez que la resolution ne fut pas en nostre faveur, & que Monsieur de Lauzon qui passa ensuite au païs, en qualité de Gouverneur ne manqua pas de continuer aux Recollets les offices qu'il leur avoit rendu jusques alors.

CHAPITRE XV.

Progrez de l'Eglise de la Nouvelle France parmy les nations Sauvages, durant les années que le pays a esté entre les mains de Messieurs de la Compagnie Seigneurs & Proprietaires de Canada par concession du Roy.

TOut le monde Chrestien reconnoît pour un Systeme de Religion, & un premier principe de Foi, que la vocation & la conversion veritable & sincere des peuples, & des nations est le grand ouvrage de la misericorde de la puissance de Dieu, & de l'efficacité triomphante de ſa grace & de ſon eſprit.

Que ſi cela eſt vray des nations infideles & idolâtres qui ſont déja policées, reglées & ordonnées par les loix, dont la raiſon eſt pour ainſi dire, preparée à recevoir les inſtructions de l'Evangile & de la Religion Chreſtienne. Les hommes Apoſtoliques doivent beaucoup plus reconnoiſtre cette dependance ſouveraine de Dieu à l'égard des nations barbares qui n'ont aucune teinture de Religion vraye ou fauſſe, qui vivent ſans regle, ſans ordre, ſans loix, ſans Dieu, & ſans culte, dont la raiſon eſt abſolument enſevelie dans la matiere, & incapable des raiſonnemens les plus communs de la Religion & de la Foi.

Tels ſont les peuples & les

nations de la Nouvelle France, dont je traite icy : C'est aux Missionnaires de reconnoistre de bonne Foi, que l'ouvrage de leur conversion, est au dessus de nos forces ; qu'il n'appartient qu'au Pere des esprits, comme dit Saint Paul, & à celuy qui tient les cœurs de tous les hommes entre ses mains de lever ce voile qui couvre les yeux de cette barbarie, de clarifier leur raison, de dissiper ce cahos de tenebres, où ils sont ensevelis, de tourner leurs inclinations, de fondre la dureté de leur cœur inflexible, d'humaniser ces peuples, de les rendre susceptibles des loix, que la droite raison suggere, & de les soumettre à celles que la Religion prescrit ; en un mot d'éclairer ces aveugles, & de les faire entrer par la vertu de ſa grace dans la connoiſſance, & l'amour de la verité.

C'eſt là le fondement du veritable Apoſtolat à l'égard des peuples naturels de Canada qui nous ſont connus : le grand point de la ſimplicité de Foi, de l'humilité, de grace, & de l'onction de l'eſprit, doit animer ceux que Dieu deſtine, & qu'il appelle à la publication de l'Evangile auprés de ces nations : il faut établir pour principe, que perſonne ne peut eſtre attiré efficacement à JESUS-CHRIST Fils de Dieu, ſi le Pere de lumieres ne l'attire par la force de ſa grace victorieuſe : que ſon eſprit inviſible ſouffle où il luy plaiſt, & quand il luy plaiſt : que les momens de la grace ſont connus de Dieu, & entre les mains de la puiſſance du pere & du maiſtre de noſtre sort ; qu'ayant appellé tous les hommes à la Foi dans la preparation de sa bonne volonté, commune à tous ; il leur donne à la verité dans le temps les graces naturelles & surnaturelles, interieures & suffisantes pour y parvenir ; à la distinction de ces graces efficaces & triomphantes, ausquelles on ne se refuse point : que l'ouvrage n'est pas seulement & uniquement de celuy qui court, ny de celuy qui veut ; mais principalement de celuy qui éclaire, & qui touche par un effet de sa grande misericorde : qu'à plus forte raison, l'ouvrage & la gloire n'est pas de celuy qui presche, de celuy qui plante, ou qui arose ; ce n'est qu'un foible instrument ; mais bien de celuy qui par sa grace, y donne ses accroissemens : que la Foy eſt un don de Dieu ; que le ſacrifice de toute la nature n'eſt pas capable de meriter par aucun droit, la premiere grace de vocation, qui ne tombe pas ſous le merite : que les hommes travaillent inutilement à élever l'édifice ſpirituel de la Foy, ſi Dieu ne ſe met de la partie, ne prepare & ne prévient le ſujet. Humble ſimplicité, qui doit faire l'âme des travaux Apoſtoliques, & de l'application des Miſſionnaires de Canada, pour les attacher à leur miniſtere dans cet eſprit de dépendance, comme des ſimples organes, & des foibles inſtrumens de la charité de celuy à qui ſeul la gloire doit eſtre referée de la converſion du petit troupeau : mais anneantiſſement profond ſous les ordres de Dieu, quand le zele n'a pas ſon effet, trop content de pouvoir dire, nous avons satisfait de nostre part, à ce que Dieu demandoit de nos ministeres, quand bien mesme le peu de succez, nous obligeroit de reconnoistre, que nous sommes des serviteurs inutiles.

Sans doute, que les enfans de saint Ignace, sont des hommes veritablement Apostoliques, un corps plein de lumiere & de capacité, de vertu & de grace, de zele & de courage à tout entreprendre pour la conversion des ames, à soutenir les difficultez les plus arduës, & à souffrir les contradictions, & les chagrins pour l'accomplissement de leurs ministeres. On sçait que par un vœu particulier, ils sont dévoüez aux Missions, comme des vases d'élection, destinez à porter le nom du Seigneur aux Peuples, & aux

aux Nations jusqu'aux extremitez de la terre; que la Providence, a fortifié son Eglise Militante de ce nouveau corps, pour seconder les travaux de tous les autres, Reguliers & Seculiers, dans l'établissement du Royaume de JESUS-CHRIST.

Nous avons conduit aux precedents Chapitres ces Reverends Peres dans la Nouvelle France. Où nous les avons établis dans leur Maison proche de Quebec, qui a été depuis pour un temps, comme le centre de toutes leurs Missions; c'est sur eux que doit rouler durant la présente Epoque toute Eglise Canadienne, s'étans confiez, que la moisson n'étoit pas trop ample pour leur grand zele, & qu'ils avoient assez de sujets pour administrer aux François, & instruire les Sauvages : Nous ne doutons pas, qu'ils n'ayent entrepris & continué, l'ouvrage dans cette disposition interieure, que nous venons de marquer au commencement de ce Chapitre : C'est ce qui m'a toûjours persuadé, que ne se faisant honneur, que de leurs travaux, & de leurs souffrances, ils n'ont point de part aux Relations que l'on a imprimé du Canada, apparemment sur de faux memoires, au moins en ce qui regarde l'avancement de la Foy, parmy les Nations Sauvages.

J'ay déja pris la liberté dês les premiers Chapitres de cet Ouvrage, de rectifier les remarques Chronographiques de Monsieur l'Abbé de la Roque, en remontant jusqu'à l'année 1615. pour y trouver le premier établissement de la Foy dans la

Nouvelle France, par les travaux des Recollets de la Province de saint Denys, que mondit Sieur de la Roque ne reconnoist que dans les années 1637. & 38. par le zele des Reverends Peres Jesuites : il a voulu dérober quatre ou cinq années à ces Reverends Peres, ou plûtost éluder, ce qu'il n'a pû ignorer, puisque ces illustres Missionnaires, se furent à peine reconnu à Quebec en 1632. & l'année suivante, que leur ardante charité se répandit chez les Nations du haut & du bas, du Fleuve de saint Laurens ; des costes de la Cadie ; des Isles du Cap-Breton, & de Miscou ; & qu'ayant reçeu ladite année, & les autres suivantes des puissans renforts, & quantité de sujets de la Compagnie, ils se sont étendu & partagé (toûjours) dans les bornes & limites de nos anciennes découvertes, où ils ont formé durant la presente Epoque, les Missions, dont voicy le plan.

Leur Mission, qu'ils appelloient Nostre-Dame des Anges, à trois quarts de lieuës de Quebec, en fut comme le chef. Celle de Nostre-Dame de Recouvrance à Quebec. De la Conception aux Trois-Rivieres. De Nostre-Dame au Mont-Royal. De saint Joseph aux Hurons, qui se partagera peu à peu en trois autres durant le temps de la presente Epoque. La Mission de sainte Croix à Tadoussac. Celle de sainte Anne au Cap-Breton De saint Charles à Miscou. De Nostre Dame de Consolation à Nipisiguit, d'où elles se sont répanduës à la Cadie, & à la Baye des Chaleurs,

La Miſſion de ſaint Michel à Sillery, dés l'année 35 peu aprés celle de la ſainte Famille à l'Iſle Dorleans, en ſorte que dês l'année 1635. La verité de l'Hiſtoire nombroit déſja 20. Jeſuites attachez aux Miſſions du fleuve, ſans y comprendre ceux qui occupoient déslors, les poſtes avancées des coſtes de la Cadie, & des Iſles circonvoiſines au nombre de cinq ou ſix ouvriers pleins de zele.

On reconnoiſt encore ſur la fin de la preſente Epoque, en 1657. Le premier établiſſement de leurs Miſſions, parmi les Iroquois diſtribuées en cinq reſidences, ſelon le partage des principaux cantons, qui compoſent cette nation, la premiere de ſaint Gabriel aux Agniets, au Sud, voiſine de la nouvelle Hollande, qui contoit en trois ou quatre bourgades, trois ou quatre cens hommes, La seconde, aux Onnejout, tirant à l'Occident, qui pouvoit former cent quarante hommes de guerre. La troisiéme de saint Jean Baptiste, à 15. lieuës vers le couchant, aux Bourgades d'Onnontaguets, environ de trois cents combatans, qui est comme le centre des Missions Iroquoises. La quatriéme de saint Joseph, à trente lieuës de là, vers l'Oüest, aux Ojongoüen, partagée en trois bourgades, faisant bien trois cens hommes de guerre. La cinquiéme de saint Michel aux Sonnontoüans, vers les extremitez du Lac de Frontenac, le plus considerable Canton des Nations Iroquoises, qui comprenoit en trois bourgades, environ douze cens combatans.

Il n'eſt pas de mon ſujet, de tracer icy tout le plan de ces cinq cantons, & de remarquer combien ces Nations, ont conquis de païs, depuis 57. ont étendu leurs limites, & multiplié leurs familles par la deſtruction des autres peuples qu'ils ont emmenez captif, & dont ils ont fortifié, & accrus le nombre de leurs ſujets,

Je paſſe icy ſous ſilence, ce que l'on oze avancer par ces relations, que dés l'année 1632. & 33. l'on ne remarquoit parmi toutes ces Nations Sauvages, aucun veſtige du Chriſtianiſme, ny aucune figure d'Egliſe, non pas même le ſouvenir, & les idées des inſtructions, les moindres teintures ſenſibles de Foy, qu'il n'y avoit encore, ny connoiſſance, ny ébauches des langues principales, & qu'enfin, que tout ce que les Recollets avoient pû faire estoit de tenir les François en regle, comme si tant de Missionnaires zelez de nos Provinces de Paris, d'Aquitaine, & de Thoulouse s'étoient tenus oisifs & les bras croisez, depuis 1615. jusqu'à 1629. que ces Peres ont esté en action continuelle dans la Cadie, sur les costes de la Mer, & depuis l'embouchure du fleuve, à droit & à gauche, jusqu'à la Nation des Neutres, à celle du Feu, à celle du Petun, aux Algonquins, aux Nipissiriens, aux Montagniaits, & aux dépendances de Quebec, où ils ont soûtenu celle des Algonquins, vivant avec eux l'espace de dix ans aux environs des Trois rivieres, ayant dans les endroits particulierement aux Hurons, fait six ou sept hivernements, le dernier,

nier, par le Reverend Pere Joseph de la Roche Dallion Recollet en Compagnie des Reverends Peres Brebeuf, & de la Nouë Jesuites.

Autrefois avant nostre retour en Canada, & l'espace de trente années, que nos Peres de Paris faisoient de si frequentes tentatives pour y retourner, ils apprenoient chaque année avec autant de joye, que d'admiration & de surprise, que cette Barbarie, par un coup de grace, s'humanisoit sensiblement, & se convertissoit à vûë: que dés l'année 1634. les nations ne montroient, que des empressemens extrêmes pour se faire instruire Un grand nombre de batisez, ces apparences d'une ample Moisson, qui commençoient déja à blanchir en 34. Les circonstances surprenantes de la conversion de Sasousmat, les effets d'une Foy avancée dans ces Barbares; les oracles qu'il prononce, cette lumiere sensible, qui parut aprés sa mort au mesme temps, en differens endroits du Canada, éloignez de 40. lieuës, s'élevant & s'abbaissant par trois fois; Les miraculeuses avantures de la conversion de Manitoutchatche, ses sentimens de devotion la solidité de sa Foy, jusqu'à resister à sa femme & à sa famille, & sur les points de Religion: la ferveur, le zele; & la foy vive de Kioüiriniou, & de sa famille pour le Baptême de leur fils: Les évenemens merveilleux de la conversion d'une Sauvagesse Ourontinoukoüen, les sentimens animez de cette femme, ses Apostrophes au Crucifix: Verification de ce grand nom.

bre de Sorciers répandus dans le païs, dont le demon se sert, pour s'opposer au Christianisme, & les sapper dans ses fondemens.

Comme par tous les endroits, dés les premieres années, l'on ouvre les yeux à la verité, les Peres envoyant leurs enfans par instinct de Foy, pour les faire instruire: ces raisonnemens éclairez quoi qu'impies contre Dieu & la Religion, attribuez dés lors à un Sauvage: Bapteme de 22. Cathecumenes: les impressions extraordinaires de la constance & de la fermeté de Foy sur cette femme baptisée aux Trois rivieres, en 35.

Peut-on croire, qu'au commencement, ces Barbares n'osoient se convertir, se faire baptiser, pratiquer les exercices de la Religion, & produire en public les instrumens du salut, pour ne pas s'attirer la raillerie des autres, comme si on ne connoissoit pas encore aujourd'huy, qu'ils sont ensevelis dans une pure indifference sur le fait de Religion.

L'on voit aux Hurons huit Neophites, aller par tous les Villages exhorter, & instruire leurs compatriotes. Que chez les Montagniais le Christianisme y estoit dés ja si multiplié, & si avancé en 41. & 42. que les Sauvages se confessent à la foule, évitent les festins, y assistent mesme sans rien prendre, afin de participer à la sainte Table. Comme leur Foy est si vive, qu'ils fremissent à la moindre apparence du peché, qu'ils ne craignent point le feu, & le fer des Iroquois, mais seulement le feu d'Enfer. Ces combats des

Sauvagesses Chrestiennes, & mesme des jeunes Sauvages pour la pureté, par le respect de leur Baptesme.

Ce petit saint Cyr qui resista à sa grande mere, aux menaces & aux promesses, voilà, dit il, mes pieds, mes mains, & mon corps; mais jamais je n'abandonneray ma Religion.

L'on admire que la Bourgade naissante de Sillery, répand depuis le haut jusqu'au bas du Fleuve, & à Miscou, la sainte odeur du Christianisme, & l'ardeur de se convertir parmi les Nations Sauvages: cette émulation reciproque pour la foy des maris, à l'égard de leurs femmes; les Confessions & les Communions frequentes: le Sacrement de Mariage communément administré.

L'on ne doute pas de l'application des Meres Ursulines à l'éducation des Sauvagesses, mais l'on est surpris que ces petites filles par une foy avancée instruisent les familles Sauvages, qui les viennent voir, l'on admire leurs Oraisons Jaculatoires, & Mentales, leurs empressemens, leur préparation pour la Communion, la delicatesse de conscience, l'élevation, & l'intention de l'esprit, comme il s'en trouvoit, qui aprés estre sorties des Ursulines, écrivent à ces Dames du fond des bois, le chagrin où elles étoient de ne point se Confesser & Communier tous les 15. jours comme auparavant. Les regles & les exercices, la ferveur des Villages entiers, qui effaceroient celles des premiers Chrétiens: quelle édification de voir des Eglises captives soutenir contre les railleries prétenduës, & ne pas rougir de ſon batême, ny des marques de Religion: Ce grand nombre qu'on batiſe dans une ſeule Miſſion. Ces Lettres pleines de foy & d'honneſtetez, que les Neophites écrivent en France: comme les chefs corrigent les indevotions, & repriment meſme juſqu'au moindre deffaut des particuliers

On voit venir en foule, les Attigamets, leur Capitaine en teſte demander le ſaint Bapteſme, & le recevoir avec leurs enfans au bas du Fleuve: Les Nations autrefois inacceſſibles, ſi éloignez de l'humanité & de la foy, ſe convertiſſent en confuſion: On voit meſme par endroits, des chefs prepoſez aux Prieres, aux Conferences, & aux affaires de Dieu.

L'on remarque ſur la fin de la

ſeconde Epoque, qu'il ſe trouve aux Trois rivieres des Neophites, qui tonnent comme des Paul, & des Chriſoſtomes contre les vices & les impietez, par des diſcours pleins de zele, & de la ferveur de l'eſprit.

Déslors, les Sauvages du bas du Fleuve ſe formoient à la Françoiſe, ils avoient renoncé aux anciens uſages, & aux manieres ruſtiques, des cheveux graiſſez & des viſages peints; formez aux complimens: Et l'on trouve en 46. que durant l'Hyver, éloignez des Miſſionnaires, ils avoient appris d'eux-meſmes plus de choſes, qu'ils n'en ſçavoient à l'Automne precedent.

Que peut-on penſer de toutes les fictions de ces Sauvages de Tadouſſac, qui par ſimplicité de foy, ſe deſtinent des chefs pour l'administration des Sacremens de Baptême, de Confession, de Messe; que communement durant l'Hyver ces pauvres miserables, pratiquent le saint jeûne; aussi le Printemps au premier abord du Missionnaire il en baptise soixante.

Il fait beau voir comme au Mont-royal des 46. & 47. des Sauvages tiennent bon, contre des François libertins; ces grands colloques de ces nouveaux convertis contre ceux qui ne l'étoient pas: Ce nombre de Cathecumenes, & celuy des Neophytes, les effets admirables de leurs penitences, & de leur foy; les ardeurs de celle des Hurons ne se peuvent contenir dans leur Village, elles passent jusques dans les Nations voisines; L'on y remarque des especes de Martyrs, des Predicateurs

Evangeliques, des Prophetes figurez, qui annoncent les vengeances divines, des Heli qui resistent aux prophanateurs, les Peres aux enfans, les maris, qui se convertissent à la sollicitation de leurs femmes : On en remarque, qui se roulent dans la neige, d'autres qui se font un lit de tisons, & de charbons ardens pour éteindre la concupiscence.

Impressions extraordinaires de l'esprit de Dieu, dans la vûë de sa présence intime, dans l'Oraison la Communion, dans les exercices ferventes des vertus : comme ils croyent sans peine les plus relevez mysteres de la Religion.

Effets merveilleux d'une fermeté de foy parmy les Neophites Nisipissiriniens, & parmi les Sauvages de la Mission du saint

Esprit; comme ils soutiennent pour la verité dans les disputes dogmatiques contre leurs compatriotes encore infidels.

Tant de faveurs d'une providence visible & miraculeuse, & d'une benediction sensible, que l'on voit exprimez dans toutes ces relations; les visions, les revelations, les prodiges n'y sont pas épargnez: La Mission de la grande Baye de saint Laurens produisent enfin de grands fruits.

Toute la France a admiré & reçeû avec une singuliere édification, les operations merveilleuses de la grace, sur l'Eglise Huronne de l'Isle d'Orleans; la ferveur, la regularité, l'assiduité uniforme de ces Sauvages: comme la Congregation des Reverends Peres Jesuites estoit parmi eux dans sa grande ferveur dês l'année 54. qu'ils faisoient désja 80. Congreganistes; La Lettre d'association de cette Congregation Sauvage, écrite à la Congregation de Messieurs de la Maison Professe de Paris, a couru par toute la France, & a tiré d'un chacun des larmes de devotion.

Mais par malheur dés l'année 56. cette Eglise Huronne est attaquée par les Iroquois, qui les enlevent tous par traité & convention reciproque, dans le païs des Iroquois, pour ne faire plus qu'un peuple, qu'un cœur, qu'un esprit, & estre instalez dans leurs familles; en effet tous ces Hurons furent distribuez partie aux Agniez, partie aux Onnontaguez, entrant aussitost dans leurs mœurs, dans leurs interests, & dans leurs manieres.

On ne peut refuser sa devotion à la lecture des relations suivantes lors qu'elles touchent les dispositions de ces Israëlites bannis de leur patrie, gémissans sous la captivité de cette espece de Babylone.

Le Reverend Pere de Brebeuf qui a esté occupé aux Missions de plusieurs Nations differentes de Canada, en a converti luy seul dans la Mission des Hurons, jusques à sept mille, & produit une Eglise vraiment animée de l'esprit de Dieu, comme on peut voir dans la Vie de la Mere de saint Augustin, Religieuse Hospitaliere de Quebec, Livre troisiéme, quels fruits n'avoit-il pas fait dans les autres Missions.

Je ne diray rien des grands progrez de l'Eglise parmi les Nations Iroquoises: Nous lisons que la Mission y commença dês l'année 57. & que de cette premiere année le Reverend Pere Menard avoit baptisé plus de quatre cens Iroquois dans sa seule Mission Dojongoüen; Les Missionnaires à proportion dans les quatre autres Cantons : l'on peut juger que depuis 37. ans, le Christianisme a deû avancer chaque année par des progrés bien plus heureux, & plus multipliez; & que par consequent tous ces peuples doivent estre convertis.

On peut faire la mesme remarque, & tirer la mesme consequence à l'égard des autres Nations Sauvages de la nouvelle France: les connoissances qu'on en a, établissent à peu prês le nombre des ames qui les composent, si bien que faisant une addition du grand nombre de convertis chaque année, depuis le retour des François en Canada; on peut s'assurer, que l'Eglise y est parfaitement établie, & qu'il y a peu de mélange d'infidelité.

L'on doit aussi reconnoître que l'on y tendoit à la perfection du Christianisme, l'on s'y accusoit même assez communement des moindres imperfections: Les Confessions & les pénitences publiques étoient en usage, une espece d'inquisition, les devotions, & la frequentation des Sacremens. On y a vû des Sauvagesses tirer de leur sein un Crucifix, le presenter à des libertins avec ces paroles, veux-tu miserable crucifier encore celuy qui est mort pour ton salut. Quoy? voudrois-tu me perdre en te perdant toy-même pour un peché que Dieu a en horreur:

L'on y voit encore des Sauvagesses disputer contre les Hollandois sur le culte des Images, parler en Theologiennes, & confondre ces Heretiques : on en voit d'autres les menacer de la mort pour la cause de Dieu, & insulter aux supplices : On voit de ces Chrétiens fervens, exhorter leurs Confreres à la mort, par les discours les plus touchans.

Cependant on ne peut souffrir, qu'on en impose à un Missionnaire que j'ay connu, en luy faisant dire dans la quatriéme decade, qu'il a annoncé les premieres paroles de l'Evangile aux Onnontiogats : aux Neutres, & aux Hurons captifs chez les Tshonnõtoüans, & que les deux premieres Nations, n'avoient presque jamais vû d'Europeans, cependant il est notoire que dês 16 · 6. jusques à 29. les Missionnaires

naires leur avoient annoncé l'Evangile, ce que ce Reverend Pere ne pourroit desavoüer luy-méme: plût-à-Dieu, que toutes ces Eglises de relations fussent aussi veritables & aussi réelles, comme tout le païs les reconnoît chimeriques, si elles ont subsisté autrefois, seroient-elles devenuës invisibles principalement depuis les années 74. & 75. que la Colonie se multipliant beaucoup plus, les commerces plus frequens, & plus ouverts avec la France, ont fait disparoître ce nombre prodigieux de convertis aussi bien que les relations que l'on a cessé de donner au public, desabusé de pareilles fictions: en cela, on en use tres-sagement, car que pourroient juger ceux qui viendroient aprés nous, de lire d'année en année de si grands progrés de Religion, sinon que l'antiquité auroit voulu leur en imposer par une vaine ostentation, ou bien que ces Eglises prétenduës, se seroient peu à peu détruites, par la negligence des Missionnaires.

Je fais donc une grande difference du zele, des travaux, & des applications infatigables des Missionnaires, separement de ces grands succez prétendus, que l'on vante sans apparence mesme de verité : La justice qu'on est obligé de rendre aux travaux, & aux soins de ces hommes Apostoliques dans la nouvelle France, qui passent veritablement tout ce qu'on en peut exprimer ; ils égalent si l'on veut, les entreprises, le courage, les souffrances de l'Apôtre saint Paul les perils de la vie, les privations, les perſecutions, leur ſilence meſme, dans les murmures, dans les calomnies, témoin ce qu'on à voulu ſouvent leur impoſer au préjudice de leur deſintereſſement : quoique leur reputation ſoit aſſez établie ſur ce point, & que la conduite, qu'ils tiennent dans toutes les Miſſions du monde Chreſtien, ſe juſtifie par elle meſme, & les met au deſſus de pareilles reproches auſſi bien à l'égard du Canada, comme par tout ailleurs; Cependant ces Reverends Peres jugerent à propos de faire imprimer, & donner au public, un certificat autentique de Meſſieurs de la Compagnie, par lequel ils rendoient témoignage, à qui il appartiendra, que ces Peres n'avoient aucune part dans leur ſocieté.

L'on donne ſes applications

à humaniſer cette Barbarie, la rendre ſuſceptible des loix, arréter autant que l'on peut leur ſaillies brutalles, à les deſabuſer de leurs vaines ſuperſtitions, préparant ainſi de loin les voyes au Seigneur, quoi qu'on y avance tres-peu de choſe; ces nations étant encore auſſi Sauvages, autant attachées à leurs maximes anciennes, à leur uſage prophane, à la gourmandiſe, à la médiſance, à leur orguëil, à leurs yvrogneries, cruauté, indocilité, que l'on cherche de l'humanité, & du changement chez les Iroquois, ils ſont encore les meſmes, qu'ils étoient il y a 30. ans, & cependant on veut, que dês lors ils euſſent bâtis autant de Chapelles, & d'Egliſes comme ils en avoient détruit auparavant, & que ces Philiſtins indomptables, ayent fait de si grands progrez dans la Foi.

L'on s'acquitte fidellement de ce qui dépend du Ministere, rien ne manque à l'instruction, soit du côté de l'industrie, soit de l'assiduité que l'on y donne, mais si la semence de la parole tombe dans une terre sterile & infructueuse, sur les pierres, ou sur les grands chemins, ou parmy les épines; si ces nations manquent à la grace de la redemption qui leur est offerte; l'on a cette resource de Foi, qu'on les rend inexcusables, & que l'on justifie Dieu dans la condamnation de ces Barbares.

C'est beaucoup & ce n'est pas trop de dire, que les envoyez de Dieu en cette barbarie batisent les enfans, & les adultes moribonds, c'est un gain seur pour l'Eternité. Mais pour les adultes sains, le nombre de convertis est si rare, & encore plus le nombre de ceux qui perseverent qu'on auroit peine de le croire, eu égard aux grands travaux d'un bon nombre d'ouvriers depuis plus de soixante & six ans; mais enfin les applications & le sacrifice même de toute la vie d'un Missionnaire, ne seroient-ils pas glorieusement recompensez, quand ils n'auroient converti & sauvé qu'une seule ame.

La plus seure fonction des Missionnaires, est d'administrer aux François qui vont en traite, aussi est il vray de dire, que dés que les pelleteries ne sont plus abondantes dans les Cantons, & que les François n'y vont plus en traite; les RR. PP. ne s'y trouvent plus aussi, jugeant leur presence inutile auprés de ces Barbares; témoins la pluſpart des Miſſions qu'ils avoient établies, & cultivées depuis 32, dont nous avons ſpecifiez les principales au commencement de ce Chapitre, mais qu'ils ont eſté obligez de quitter, à meſure que les François n'y eſtoient plus attirez par l'intereſt temporel : de ce nombre ſont les Miſſions de la grande Baye de Saint Laurent Riſtigouche, Nipſiguit, Miſkou, le Cap-Breton, Port-Royal, riviere du Loup, Cap de la Magdelaine, les trois rivieres, Nipiſiriniens pluſieurs Miſſions chez les Hurons dans le haut du Fleuve; on eſt contraint même de quitter Tadouſſac pour s'établir à Chigoutimi, ſans parler de beaucoup d'autres qui ne ſubſiſtent plus aujourd'huy.

Les Reverends Peres servent encore à d'autres fins, car comme ces Barbares ne se conduisent que par le sens, ils regardent les Missionnaires comme des Capitaines, & des hommes considerables, comme des envoyez & des residens perpetuels de la Colonie Françoise qui maintiennent leurs alliances avec nous, qui disposent de la paix & de la guerre, qui demeurent dans leurs cantons pour y servir de gages & de répondans, lorsque ces nations viennent en traite dans le païs habité, autrement ces Barbares seroient toûjours dans la defiance, & dans la crainte d'estre arrestez, s'ils n'avoient par de vers eux des personnes pour caution de leur vie & de leurs biens.

Les Missionnaires exercent encore

encore les fonctions de tuteurs des Sauvages, dont ils remplirent parfaitement les devoirs, exerçans même ces Barbares aux defrichemens des terres en differens cantons qui sont autant d'avances pour la Colonie & au profit de l'Eglise.

On doit même au credit & au zele de ces Peres, d'avoir sollicité & obtenu en France de personnes puissantes plusieurs fondations pour les Missions Sauvages, que l'on menage admirablement, aussi bien que les appointemens & les gratifications annuelles du Roy pour le même usage.

Ces Missions Sauvages sont proprement les endroits où se forment les veritables Saints, par les applications d'un zele infatigable, une charité à tout entreprendre, & à tout souffrir, le desinteressement, l'humilité, la mansuetude, une patience invincible, une Foi éclairée pour adorer les desseins de Dieu: c'est une espece d'Apostolat bien different de celuy que l'on a vû dans les autres nations du monde.

Mais quant aux progrés & aux succés seroit-il bien possible que ce nombre prodigieux de Chrestiens Sauvages, échaperoit à la connoissance d'une foule de François qui vont chaque année jusqu'à trois à quatre cent lieuës dans les bois & aux extremitez du païs connu, où ils font des années de sejour; seroit-il bien possible encore que ces Eglises si ferventes, & si nombreuses auroient disparu à ceux de nos Peres qui ont penetrez de tous côtez, en parcourant toutes ces nations, & à tant d'autres personnes d'esprit & de discernement. On sçait que tous les ans une multitude de Canots viennent en traite dans le païs habité, & que l'on y voit un concours de Sauvages de toutes les nations qui sont comme l'élite de ces peuples, tout le païs est témoin que dans leurs mœurs, & dans leurs manieres, ils ne montrent rien que de barbare, & de Sauvage, sans marque de Religion: toutes les preuves qu'ils en donnent aussi bien chez nous, que dans leur païs, consistent à assister comme des Idoles à nos Mysteres, à nos instructions, & à nos prieres, mais sans attache sans discernement de Foi, & sans esprit de Religion: comme ils sont naturellement oisifs, & faineans, & que d'ailleurs nos ceremonies leur sont nouvelles, ils y sont presens par maniere d'aquit, quelques-uns par interest, d'autres par crainte, & par estime d'un Missionnaire qu'ils regardent comme un chef considerable.

Tout ce qu'on peut faire, est de tirer du fond des bois certaines familles qui marquent plus de docilité : on les produit dans les païs habitez où elles forment encore aujourd'huy deux Villages aux environs de Quebec, & deux aux environs du Mont-Royal, separez du commerce des François : c'est donc dans ces endroits que l'Eglise des Sauvages est réünie, & quoique leur Langue aussi bien que leur maniere demeurent toûjours Sauvages, on y tient en regle ces Neophites, on les éleve à la pieté par attraits : ils s'en trouvent de bons

Chreſtiens quoique pluſieurs & même des familles entieres échappent de temps en temps aux Miſſionnaires aprés dix à douze années de ſejour pour retourner dans les bois à leur premier aſſoupiſſement.

L'on dit qu'il y a bien des Chreſtiens en Europe qui s'écartent de leur devoir, & qui prophanent leur caractere par une vie toute ſeculiere, & payenne, il ne s'agit pas icy de la corruption des mœurs à l'égard des Sauvages baptiſez, & Neophites, mais de la ſubſtance de la Religion & de la Foi qui s'efface abſolument dans le fond de leur eſprit ; par une apoſtaſie , une inſenſibilité prodigieuſe, & un aveuglement profond, quoiqu'il ſoit dit dans les relations qu'on leur ait administré jusques au Sacrement de Confirmation.

C'est à nous d'admirer les jugemens de Dieu sur ces nations, de reconnoistre ses faveurs, & sa misericorde en nostre endroit, de nous avoir fait naistre de familles éclairées de la Foy, dans un païs & une nation où elle est en seureté, où tous nous prêchent la pieté, la vertu, & où la multitude des graces interieures & des secours exterieurs nous presentent les moyens d'assurer nostre vocation & nostre élection : si nous y sommes fideles; rendons gloire au Seigneur de la distinction qu'il a fait de nous, & disons de cœur par application à nous-mêmes ces paroles du Prophete, *non fecit taliter omni nationi*, &c. mais toûjours dans des sentimens de terreur, & de crainte, en veuë du compte plus exacte, que nous serons obligez de luy rendre.

Fin du premier Tome.

www.ingramcontent.com/pod-product-compliance
Lightning Source LLC
LaVergne TN
LVHW011249110826
845149LV00001B/84